ブックレット
言語心理学概説

西原 哲雄・鈴木 渉 ［著］

BOOKLET
The Psychology of Language

開拓社

ま え が き

　本書は，言語と心理の関係を取り扱う言語心理学（心理言語学とも呼ばれる）を初歩から応用まで概説した概説書兼入門書として企画されたものである。

　2名の異なった専門分野を担う執筆者たちが，それぞれの立場から言語と心理の関係性を俯瞰して執筆を行った。それゆえ，前半の第1章から第3章までと，後半の第4章から第6章までの内容に視点の違いが感じられるかもしれない。

　前半（母語習得など）は英語学・言語学を中心とした執筆者の観点から，後半（第二言語習得など）は英語教育・言語習得を専門とする執筆者の観点から執筆が行われているが，それぞれの観点から言語と心理の関係性を明確にするという目標や視点は，同じものである。

　それゆえ，読者が関心を持たれている章からお読みいただいても十分に理解いただけるように努力したので，本書の目指した役割は十分に達成されているはずであると確信している。

　もちろん，本書だけで言語心理学の分野のすべての内容をカバーすることはできないので，末尾に挙げた推薦図書等に読み進んでいただき，さらに高いレベルの内容や言語心理学に関わるその他の分野などにも興味を持っていただけることを筆者たちは切に望むものである。

　　2022年10月　　　　　　　　　　　　　　西原哲雄・鈴木 渉

目　次

第1章　音声・音韻の獲得と喪失

1.1.　音声学・音韻論とは何か

　本章では，言語心理学の分野における，幼児などを中心とした音声・音韻の獲得という点に焦点を当て，概説するものである。

　島岡・佐藤（1987）によれば，音声学も音韻論も音声を研究する学問分野であるが，それらの研究方法は異なると指摘されている。すなわち，音声学とは「音声の正確な観察と記述，および音声が生じる過程や機構の解明を目指している」とされ，一方音韻論とは，「言語体系に占める音声の位置づけ，および，その役割や機能に関する事項を解明することを目指している」と指摘されている。

　さらに，音声学と音韻論の相違を窪薗・溝越（1991）の挙げるアメリカ英語の /t/ という音の変化について述べることにする。

(1) a.　fifty,　sixty

　　　b.　thirty,　forty

    c.   seventy, want to（＝wanna）

（窪薗・溝越（1991））

窪薗・溝越（1991）によれば，上記の例で，（3a）の [t] 音は通常の音であり，日本語のタ行の音と同様に聞こえる。（3b）の [t] 音は，「有声の t」と言われる音であり，日本語のダ行ないしはラ行音のように聞こえる（または，「弾音」とも呼ばれるものである）。（3c）はアメリカ英語では，特にくだけた発話やテンポの速い発音では，脱落してしまう例である（例えば，twenty は [tweni] のように聞こえる）など，と指摘されている。

   したがって，日本人の話者にとっては全く異なった音に聞こえるこれらの /t/ 音が，実際にかなり異なった音特性を持っていることは客観的な音声的分析からも明白である。

   しかしながら，このように音声学的に特徴が違う 3 つの /t/ の音に対して，母語話者であるアメリカ人話者は同じ /t/ 音としての認識を持っているのが通例である。仮に，3 つ音の発音の違いに気づいたとしても彼らにとっては同じ /t/ 音であるという事実である。このようにして，音声学的に異なる音であったとしても英語の母語話者が同じ音として認識している時，それらは音韻論的には同じ音であると言われる。すなわち，音声学の分野が「実際どのように」発音されるのかを検討する学問であるのに対して，音韻論の分野は話し手が「どのようなつもりで」発音しているのかを検討する学問であると，窪薗・溝越（1991）では指摘されている。

1.2.　音声・音素の獲得とは

　一般的に，日本語は母音を5つ持つ言語とされている。この5母音体系というものは世界の言語の中においても標準的なものと言われている。アラビア語のように [a, i, u] の3母音体系の言語も存在し，また2母音しか持たないような言語も存在すると指摘されている（渡部（1996））。アラビア語の母音の体系 [a, i, u] も基本的な母音体系（より自然的）であり，この体系に [e, o] を含む言語が日本語であり，[ア，イ，ウ，エ，オ] の順序は母音の自然性に基づいている。

　また，5母音体系の日本語でも，沖縄の宮古方言などの話者の中には，アラビア語と同様に3母音体系を持つ話者が存在している。その反面，日本語の倍以上の母音を持つ英語やスウェーデン語という言語が存在したり，イタリア語のように日本語の母音体系に近い7母音体系を持つ言語が存在するのも事実である。

　ちなみに，生まれたばかりの子供たちは，世界のすべての言語を理解できる能力を持って生まれてきているが，このような能力は母語の音韻体系を習得すると同時に喪失されてゆき，生後6ヶ月頃には習得されてゆく母語の音韻体系のみ占有されてゆくことなる。このような事実が，いわゆる子供・幼児が「言語習得の天才」などと表現される所以である。この頃になると，意味のないおしゃべりをするするようになり，これを喃語（babble）と呼び，子音と母音の組み合わせのからなる音節単位で話せるようになる（英語では，"rara"，"googoo" など）。

　針生（2021）によれば，幼児などに大人が話しかける際に，単語の音の高さを示すピッチ（pitch）に問題が生じると幼児の言語

4

習得に大きな影響が出ると述べられている。例えば，中国語は声調言語（tone language）と呼ばれ，異なる音調（tone）で発音されれば別の単語になる。その違いは以下のように示すことができる。

(2) a. ma（→）　　母親
　　b. ma（↗）　　麻
　　c. ma（∨）　　馬
　　d. ma（↘）　　叱る

このような音調が重要な働きをしている言語で，音調の高低をむやみに行うと幼児の言語（母語）習得の情報が破壊されると針生（2021）では述べられている。

　日本は中国語のように完全な声調言語ではないが，ピッチの変化によって以下のように単語の意味が変わる場合が存在する。

(3) a. ハシ（◯▾◯：箸）
　　b. ハシ（◯◯▾：橋）

しかしながら，柴田・柴田（1990）によれば，日本語でピッチの変化によって区別できる同音語が 13.6％ でしかなかったのに対して，中国語ではピッチパターンにて区別される同音語の比率は 71.0％ に上ると指摘されている。

　このことから，日本語のピッチの役割は「それがないと単語の区別ができない」といえるほどの強さでなく，中国語に比べると日本語のピッチパターンは単語の区別にほとんど役に立っていないといえるレベルのものである。

　その一方，英語ではピッチパターンの違いによって単語の区別

は通例行われず，単語の持つ強弱，すなわち強勢（stress）によって区別されている。針生（2016）に従えば，record という単語は第一音節に強勢を置けば，RE-cord（名詞：記録）となり，第二音節に強勢が置かれれば，re-CORD（動詞：記録する）となり，強勢のパターンによって単語が区別されると述べられている。

　ところで，Roman Jakobson の研究によれば，母音の口の開きには自然性に差異が生じ，口の開きの最も大きい [a] という母音が，最も自然な母音と考えられている。すなわち，[a] という母音は自然言語の中で最もよく出現する母音であり，どの言語においても幼児が一番先に発音ができるものであり，かつ失語症の患者が一番最後まで発音を維持できる音である（窪薗（1998））。

　幼児に関する言語習得の研究に基づけば，子供が最初に獲得する語の多くは，[a] という母音を含んでおり，「お母さん」「お父さん」が多くの言語で [papa]，[mama] などと発音されたり，食べ物を表す語が「pan」[mamma] と発音されることにもこの事実が関与している。

　さらに，子音の中でも，母音と同様に Roman Jakobson の研究などによれば，自然性の差が存在していると指摘されていた。より発音されやすい口の中などで閉鎖を作り出す [p][t][k] や [m][n] のような閉鎖音であり，閉鎖音を持たない言語は存在しないとい述べられている。また，失語症患者が，閉鎖音は摩擦音（摩擦音を有する言語はその前提として閉鎖音を有する）などを失った後でも，最後まで発音を維持する音である（窪薗（1998））。子音において，声帯の振動のない無声音が，声帯の振動を伴う有声音よりも自然であることは歴史的な変化（タイ語では有声子音が無声子音化している，など）や調音機能の動作の始動にかかる時

間（有声子音を発音するには，無声子音より速く調音器官を動かさなければならない）などの点などからも明確である。例えば，日本語の仮名文字の表示でも，カ行やサ行の音（無声子音）に対して，ガ行やザ行の音（有声子音）が「濁音」という余分な符号が付与されていることからも，無声子音が（有声子音）より自然な音ということが分かる。

　また，英語を母語とする幼児が最初に発話するのは無声子音であり，例えば，pet [pet] のような最後の子音は当初から無声子音の [t] を用いるのと同時に，bed [bed] における最後の子音も幼児期には無声子音の [t] を用いて bed [bet] と発音する。そののちに大人になるしたがい，bed [bet] の最後の [t] を [d] と発音するようになり，bet [bet]—bed [bed] の区別を獲得することで英語話者の大人の音韻体系が完成されることになる。

(4)　　英語話者の幼児　　英語話者の大人
　　bet　　[bet]　　　　　[bet]
　　bed　　[bet]　　　　　[bed]

　また，人間の発話の個々の音声で，閉鎖音（stop）と呼ばれる音は声帯が振動する開始時間の違いによって，有声閉鎖音（[b]，[d]，[g]）などと無声閉鎖音（[p]，[t]，[k]）などに区別され，これは，多くの言語において確認されている。

　母音が後続する際の有声音と無声音の区別は声帯振動の開始時間（Voice Onset Time: VOT）の数値に違いが生じることは従来の研究にて明らかにされている。すなわち，無声閉鎖音の VOT がプラスになること，すなわち，声帯振動の遅れを伴う無声閉鎖音の方が，自然（自然性）が高いということは神経生理学のデー

タからも証明することができる。一方，有声閉鎖音では，声帯振動を速めるために，VOT 値はマイナスとなり，早期の発音器官などの始動が求められることになる。

　榎本・西原（1995）によれば，神経生理学のデータから，発話上の指令は唇，舌等の各調音器官の筋肉のうち咽頭筋肉に達するものが，最も遅いと考えられる。すなわち，脳から神経経路の長さやその直径というものが，伝達時間に関係しており，神経の長さが長く，直径は太いほど伝達時間が長くかかる，と述べられている。すなわち，咽頭の筋を支配する神経の長さとその神経繊維の平均直径は顎の筋と比べて各々3倍と5倍であるという数値が提示されている事から，声帯振動を開始させるための咽頭への指令伝達を速く行わなければならない有声音より，調音上，時間的に余裕のある無声音を作り出すほうが，容易であり，自然と考えられると，指摘されている。

　このような，現象に関する各言語でのデータは，Lisker and Abramson（1964）で調査がなされ，多くの言語について，具体的な数値が提示されている。Lisker and Abramson（1964）によれば，各言語の有声閉鎖音の VOT の平均値は，－100msec であり，無声閉鎖音の VOT の平均値は，＋10msec であるという事が判明している。このことから，人間の自然な発話は，VOT 値が＋10msec 以降であり，声帯振動が0値から，遅れているプラスの値である無声（閉鎖）音であることが分かり，0値より，マイナスでは，声帯振動を早期する必要性から労力が大きくなる有声（閉鎖）音は，人間にとって困難な発話と考えられる。なお，Lisker and Abramson（1964）のデータにしたがえば，＋10msec～＋40msec のあたりが自然な無声閉鎖音の数値であると

8

考えられる（(1) を参照）。

(5)

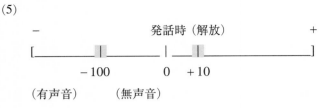

　このようにして，健常者の有声閉鎖音と無声閉鎖音の VOT 値
は，お互いにはいっきりと離れ，安定していると言える。しかし
ながら，Lieberman and Blumstein (1988) では，失語症患者の
VOT 値は，無声閉鎖音についてのその値の変化が少ないが，有
声閉鎖音については，その値は大きく右の方に，すなわちプラス
の値に近づき，＋20~40msec の付近で無声閉鎖音の値とオー
バーラップしている事実がある。そして，このオーバーラップは
健常者では決して見られないものであることも確認することがで
きる。

(6)

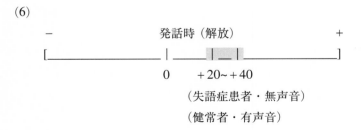

　したがって，失語症患者では，調音上の困難であると考えられ
る有声閉鎖音の発音過程が，発音の容易である無声閉鎖音と同様
の VOT 値を持つことは，Dressler (1988) で提案されている「脱

抑制 (disinhibition)」と呼ばれる現象が現れたものと解釈できる。

この「脱抑制」とは，人間が生得的に修得している母語における，自然な音韻過程（例えば，有声音より，無声音の方が容易に活用できることなど）が，個別言語の文法（音韻体系）を習得することで，抑制されている状態から解放されて，自然な音韻過程（自然性）が表面化することである。まさに，失語症患者が，発話困難な有声音の発話から，無声音の発話に自らの発話体系を移行させることであると言える。

1.3.　臨界期仮説 (Critical Period Hypothesis) について

荒木（編）(1999) によれば，臨界期 (Critical Period) とは，Eric Lenneberg (1967) によって提唱された考え方で，子供の言語習得時期において，他の時期に比べて，効率よく習得できる期間が存在することと示されている。また，中野他 (2015) では，その年齢の一定時期とは，おおよそ6歳～15歳くらいとされており，この時期を過ぎると，人間は生来備わっている言語習得システムを失い無意識な言語習得が困難となると指摘されている。また，臨界期以降は大人の第二言語習得は，意識的かつ明示的に行われ，その能力は個人差が大きいものとなるとも述べられている。この臨界期の存在については，その後の 1970 年代には，小島 (2018) などが指摘するように，この臨界期の考え方を否定するような研究結果が報告されているが，本書では確定的な結論は出さずに，中野他 (2015) の考え方を踏襲する。

この臨界期の存在については，不幸な事件ではあるがアメリカのカリフォルニア州で，1970 年代で起きたジェニー（人権保護

のための仮名）という少女が13歳まで両親からの虐待・監禁を
受けた事件に基づく検証・研究がある。13歳まで自宅の部屋に
て監禁され，ことばを使用する機会を得なかったジェニーは監禁
から解放された後に，ことばの習得を試みたが，2語文程度の発
話が限界であり，すなわち3〜4歳児程度の言語能力を得るこ
としかできなかったという事実があった。

　まさに，このジェニーが救出された13歳という年齢がさきに
述べた臨界期の時期に相当していることから，この1例のみか
らではあるが，臨界期の存在の断片を差し示している適例のよう
に当時は思われた。

　また，言語の習得に関わる理論の1つとして Noam Chomsky
によって提案された生成文法理論（Generative Grammar）とい
う考え方が1960年代に提唱された。この理論では言語の習得は，
単なる学習という過程ではなく，生得的に人間が言語習得できる
機能というものを携えているというものであった。

　この考え方では，人間のみが生得的に言語習得装置（Language
Acquisition Device: LAD）なるものを有しており，そこに言語
データがインプットされることにより，無限大の言語のアウト
プットが創出されると主張されている。この考え方の基本概念
は，幼児が少ない言語データによって急速にその言語機能を発達
させるという事実から出発している。

　このような考え方にしたがい，Chomsky が言語の習得は学習
であり，「刺激—反応」に基づくものであるとする行動主義心理
学に基づく言語習得を提唱する B.F. スキナーの主張に真っ向か
ら反論したことは有名なエピソードである。

1.4.　言語の音節構造

　音節とは，母音を中心とした音の連続したものである。この音節の構造は，日本語と英語では異なっている。伝統的には，開音節構造（open syllable）と閉音節構造（closed syllable）に区別されている。開音節とは母音で終わる音節であり，閉音節とは子音で終わる音節のことである。音節の終わりの子音は尾子音と呼ばれ，母音の前の子音は頭子音と呼ばれる。その構造の相違は以下のように図示できる。

(7) a.　　　　開音節　　　　　　b.　　　　　閉音節

　　　　頭子音　母音　　　　　　　頭子音　母音　尾子音

日本語は主に開音節構造を有する（優勢な）言語であり，英語は主に閉音節構造を有する（優勢な）言語と言われている。ただ，日本語でも閉音節構造を持つ語は存在し，英語でも，開音節構造を持つ語は存在する。日本語と英語におけるそれぞれの構造に基づいた単語類を以下に示す。

(8) a.　日本語　開音節：目 /me/ 手 /te/ 車 /ku-ru-ma/
　　　　　　　　閉音節：本 /hoN/ 面 /meN/
　　b.　英語　　閉音節：dog [dog] hit [hit] it [it]
　　　　　　　　開音節：who [hu:] two [tu:]

日本語の音韻単位は基本，モーラ（拍）とよばれるもので，上記の本 /hoN/ という語では /ho/ にあたる部分（子音＋母音）普通モーラと呼び，子音のみで成り立つ /N/ は特殊モーラと呼

ばれるものである。それゆえ本 /hoN/ という語は音節（σ）と
モーラ（m）では以下のように異なった構造を示すことになる。

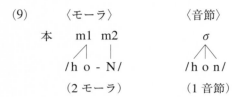

(9)　　〈モーラ〉　　　　　〈音節〉

本　　m1　m2　　　　　σ

　　　/h o - N/　　　　/h o n/

　　（2 モーラ）　　　　（1 音節）

日本語のモーラの構造は子音＋母音の普通モーラ（か：/ka/）で
あるが，子音のみで成り立つ特殊モーラ（ん：/N/）は通常，単
語の最後にのみしか出現しない。それゆえ，日本語の言葉遊びで
ある「しりとり」では，単語の最後にしか現れない「ん」の特殊
モーラで終わることは禁止されている。また，「しりとり」本来，
1 文字に対応したモーラ単位で行われる遊びであるが，ひらがな
などの文字を理解しない幼児などは，モーラ単位ではなく，単語
の最後の音を用いることがある。それらを以下に図示する。

(10) a.　大人：りんご /ri-N-go/ → ごりら /go-ri-ra/
　　 b.　幼児：りんご /ri-N-go/ → おりがみ /o-ri-ga-mi/

　開音節と閉音節では，その習得の自然性には差異があり，開音
節のほうが閉音節よりも自然性（より習得しやすい）と言われて
いる。したがって，例えば，閉音節構造を基本とする英語やオラ
ンダ語の幼児は当初は開音節構造から習得し，その後に大人の閉
音節構造を習得するようになる。一方，開音節構造を持つ日本人
の幼児は開音節構造を習得し，そのままその構造を維持すること
になる。それらの習得過程の変遷は以下のように図示できる。

(11)　　　　　　　　　　　　　〈幼児〉　　〈大人〉

　　英語・オランダ語：　CV　　→　CVC

　　日本語：　　　　　　CV　　→　CV

英語などの閉音節は，音節の初めと終わりに子音があるので，日本語のような開音節とは異なり，子音が連続することが，多い構造である。

(12)　英語：　CVC CVC

　　　日本語：　CV CV

したがって，日本語と同じ開音節である，スペイン語などは，英語の類似した単語を持つことがあるが，英語とは異なって子音の連続を避けるために，以下のように子音連続の前に母音の挿入が行われることがある。

(13)　英語：　　　　　ski, station

　　　スペイン語：　[e]-**ski**　　→**es-ki**,　（V-CCV→VC-CV）

　　　　　　　　　　[e]-**st**ation→**es-t**ation　（V-CCV→VC-CV）

また，生成文法の音韻論である生成音韻論に対峙する，自然音韻論という音韻理論では，生成文法理論で後天的に習得する「規則」とは別に，「生得的過程」という人間の本来持つ普遍的なプロセスを認めており，CV（開音節）はその1つであると指摘されている。したがって，多くの言語において幼児が習得する自然な音節構造が，開音節構造であるという事実からも確認ができる。

　それゆえ，例えば，CVC の閉音節構造をも持つドイツ人が失語症となった場合，より自然な開音節構造（CV）を示すという

事実も報告されている。

1.5. 言語のリズムの構造

　ここでは，言語のリズムの構造について概説をするが，日本語と英語を例に挙げて述べることにする。言語のリズムについては，「繰り返し」を基本とした2種類のリズム構造が存在すると考えられている。音節が同じ長さで繰り返されるものが，音節拍リズム（syllable-timed rhythm）と，強勢が同じ間隔で繰り返されるものが，強勢拍リズム（stress-timed rhythm）と呼ばれており，以下のように図示されることになる。

(14) a.　音節拍リズム

　　 b.　強勢拍リズム
　　　　 ○・・・○・・○・○・・○・・・○

上記のようなリズム構造の2分化について，日本語やフランス語は音節拍リズムであり，英語やドイツ語は強勢拍リズムであると考えられている。

　ただ，日本語のリズムはフランス語のように音節を繰り返す単位ではなく正確には，モーラ（拍）という単位が繰り返す，モーラ拍リズム（mora-timed rhythm）と呼ばれるものである。しかしながら，基本的には音節を繰り返す音節拍リズムと同類と考えることができる。

1.6.　失語症患者の音喪失

　先に述べた，Roman Jakobson の研究では，失語症患者が喪失する音（母音や子音）については一定の順序が存在すると指摘されていた。Jakobson によれば，より容易に獲得されるとされる，母音 [a] や，子音 [p][m] などは失語症患者において最後まで保持されている音であり，一方，英語の [l] や [r] のように習得時期がかなり遅くなっている音は最初の段階で喪失されると指摘されている。

　このように，最初に習得された音が，最後まで保持され，最後に習得された音が最初に失われるという現象は，鏡に映した姿が左右逆（言語習得の順序と失語症患者の音喪失の関係が真逆）に映し出されることから，この現象は鏡像関係（mirror image）と呼ばれた（(10) を参照）。

(15)　　　　　　　最初　　　　　最後

　　　習得： [a][p][m] → [l][r]

　　　--(鏡像関係)

　　　喪失： [l][r]　　 → [a][p][m]

上記のようなことは，服部（1976）においても，失語症の患者の回復期に言語音が回復されてゆく順序は幼児の言語習得の発達に直接対応すると述べられていること，からも確認できる。

　最新の失語症研究では，必ずしも Jakobson の研究の指摘通りの喪失と保持の関係の順序や鏡像関係が絶対的なものでないことが指摘されている。が，Jakobson の指摘が全く的を得ていないものであったということを示すものでない，ということにも注意

しなければならない。

　また，Kean（1974）では，英語の失語症患者における脱落要素の分析において，音韻範疇で最も小さな音韻単位である（音節以下の単位を除く）音韻語（Phonological Word: PW）という概念を用いて，その説明を試みていた。Kean（1974）は，Siegel（1974）によって提唱された，語（語基）との結び付きが強く，強勢移動を引き起こすことがある接尾辞を，クラスI接尾辞と，語基との結び付きが強くなく，強勢移動を引き起こさないような接尾辞である，クラスII接尾辞の役割を区別した。

　そこで，Kean（1974）は，クラスI接尾辞は，以下に見るように先行する語（語基）に取り込まれ，1つの音韻語を形成するのに対してクラスII接尾辞は，取り込まれることがなく，音韻語の外側に置かれることとなり，この部分が脱落する要素であるという予測をし，実際に，英語の失語症患者の症例と一致することとなり，音韻語の妥当性が示されることとなる。

(16) a　[#[# definite +] ive #]（クラスI）→ (definite ive)_{PW}

　　 b.　[# [# definit #] ness #]（クラスII）→ (definite)_{PW}

　　　　~~(ness)~~

(Kean (1974))

そしてまた，(12)(13) のように定義することによって，英語の失語症患者における，その他の脱落要素についても，説明を試みていた。

(17)　… function words, like the plural marker -s and the nominalization suffixes -ness and -ing, are not phonological words. (Kean (1974))

（名詞化を作り出す接尾辞である，*-ness*，*-ing* や複数形（*-s*）を
示すような機能語は，音韻語ではない）

(18) Items which are not phonological words tend to be
omitted in the language of Broca's aphasics.

(Kean (1974))

（音韻語ではない要素は，ブローカ失語症患者の言語において，
削除される傾向がある）

上記の定義にしたがって，英語の失語症患者の脱落要素である，
音韻語の外側に位置する機能語である屈折接尾辞や，冠詞などの
脱落も，以下のようにして，的確に説明することができる。

(19) a.　[# [# look #] s #]　→ (look)$_{PW}$ (s)

　　 b.　[# [# look #] ing #]　→ (look)$_{PW}$ (ing)

　　 c.　[# the [# book #] #]　→ (the-) (book)$_{PW}$

　　 d.　[# [# look #] ed #]　→ (look)$_{PW}$ (ed)

このように，音韻語という単位を定義することによって，失語症
患者の発話を的確に説明できることから，この音韻語という音律
的単位は妥当なものであると考えられる。さらに，のち提唱され
る音韻理論である最適性理論（Optimality Theory）でも，この音
韻語という概念はまた，音律語（prosodic word）などと呼ばれ，
その理論の枠組みの中心的概念となった。

　しかしながら，寺尾（1988）では，日本語における失語症患者
の脱落要素とは，英語のような音韻的要素に基づいた音韻語では
なく，機能的要素とされる助詞であると述べられている。寺尾

(1988) では，次のような例が示されている（[　] の助詞が脱落する）。

(20) a.　ぼく [が] あと [で] 開けたら
　　 b.　子供 [に] 早く救急車 [を] 呼びなさい

（寺尾 (1988)）

Sasanuma et al. (1986) によれば，上記のような助詞の脱落には，助詞の種類による階層性が認められており，以下のような構造的な助詞と談話的な助詞の 2 種類の階層（定義）が提示されている。

(21) a.　文法的働きが明確で構造的な格助詞 [が，を，に，で，と] などは脱落する（構造的助詞）。
　　 b.　文法的に重要でない談話的な働きをする副助詞 [も，だけ，さえ]，終助詞 [ね，よ] は脱落しない（談話的助詞）。

このような，2 つの階層的構造の違いの基づく定義に従って，実際の日本語母語話者の失語症患者の助詞の脱落の 2 つのパターンが実際に説明できることになる。

(22) a.　私は [　] 話し [　] できないよ。私 [　] 仕事 [　] ないよ。赤ちゃん [　] できない。
　　　　（主格「ガ」，目的格「ヲ」が脱落）
　　 b.　お母さん [　] 編み物 [　] しています。猫 [　] 餅 [　] もらい … っと … おさかな [　] 食べます。
　　　　（主格「ガ」，目的格「ヲ」が脱落）

c.　萩 [　] 田中ホテルの宿舎。巨人—阪神 [　] 中継。長
　　火鉢 [　] すぐそば。　　　　　　　（属格「ノ」が脱落）

（萩原（1998））

上記で示されたように，構造的助詞は失語症患者によっては，脱
落させられていることが分かる。

　また，萩原（1993）は英語やドイツ語における失語症患者の
データについても以下のように指摘している。

(23) a.　英語の失語症患者の文法には義務的な，「時制」という
　　　　範疇が存在しない。
　　 b.　ドイツ語の失語症患者の発話において，冠詞の脱落，
　　　　性，数に関する間違い，形容詞と名詞の格の一致を表
　　　　すのに必要な接尾辞の脱落が頻繁に起こったり，主語
　　　　と動詞の一致を表す屈折接尾辞も脱落している。

（萩原（1993））

ここまでのデータからは，英語は主に，音韻語という音声要素が
維持され，その他の機能的要素が脱落しており，日本語では内容
語は維持され，機能後である助詞のみが脱落しており，以下のよ
うに英語（ドイツ語）と日本語では脱落要素のパターンの違いが
存在するように思われる。

(24)　〈英語〉　　　　〈日本語〉
　　　音韻語保持　　　内容語保持
　　　機能語脱落　　　助詞脱落

(24) からは，一見すると日本語と英語の保持要素が異なってい

るように思われるが，英語も日本語も，内容語と機能語という範疇の観点から見ると，日英語の脱落パターンは基本的には以下のように，同一であると考えられる。

(25) 〈英語〉　　　〈日本語〉
　　　内容語保持　　内容語保持
　　　機能語脱落　　機能語脱落

このような観点から見れば，日本語と英語の失文法の体系がまったく異なったものではないことが理解できる。

1.7.　言語音声の知覚とマガーク効果

　本節では，言語の知覚と人間の知覚器官との関連性を概説することにする。西原（2017）や重野（2003）などによれば，人間の視覚情報が，聴覚情報（知覚理解）に影響を及ぼすという現象が一般的に認められている。人間が発する際には，必ず調音器官である口や唇が動くのが一般的である。そして，聞き手は自らが意識している，いないに関係なく，話し手の口や唇の動きを認識しているのである。聞き手の音声の聞き取り（知覚）は通常，耳や鼓膜などの聴覚器官を通して行われているが，状況や場面によっては，視覚的（目など）情報を利用することもある。視覚情報と聴覚情報（知覚）の関係を検討した実験として次のようなものが有名である。

　実験で，被験者は，スピーカーからは両唇閉鎖音と母音の連続である音声連続 /ba-ba/ が聞かされ，一方，モニターとなるテレビ画像からは軟口蓋閉鎖音と母音の連続である /ga-ga/ が音

声はなく，発音している口の形のみが目で確認できるように提示された。この実験状況は，以下のように図示することになる。

(26)　スピーカー 🔊（音声）　　　　　→ /ba-ba/ ↘

　　　　　　　　　　　　　　　　　🦻 ? → /da-da/

　　　テレビ画像 📺（口の形のみ）→ /ga-ga/ ↗

被験者がどのように知覚したかを尋ねた結果，それは，/ba-ba/ や /ga-ga/ のいずれの音声連続でもなく，歯茎閉鎖音と母音の音声連続である /da-da/ と判断したというものであった（実験者たちは，この現象（結果）を「融合反応」と呼んだ）。

　音声学的観点からの調音位置という視点から判断すると，歯茎音である /d/ を含んでいる音声連続 /da-da/ は，両唇閉鎖音の音声連続である /ba-ba/ と軟口蓋閉鎖音の音声連続 /ga-ga/ との中間の位置で発音されていることになり，次のように図示することが可能である。

(27)　口の前方　　　　　口の中間　　　　口の後方
　　　（唇）　　　　　　（歯茎）　　　　（軟口蓋）
　　　/ba-ba/　→　　/da-da/　←　/ga-ga/

このように，視覚情報が音声の理解へ大きな影響を及ぼしていることは明白である。

　すなわち，耳には /ba-ba/ と聞こえるが，目では画像が，/ga-ga/ と発音されている口の形を見てしまい，脳は2つの矛盾する情報によって混乱してしまい，折衷案となる /ba-ba/ と /ga-ga/ の中間の位置で発音されたように /da-da/ と認識してしまうと解釈される。

　また，例えば，スピーカーの音を小さくし，聞こえにくくし，画像のみを被験者が見ると，画像の口の形に基づく / ga-ga / と認識される。

(28)　スピーカー 🔊（音声）　　　　→ / ba-ba /

　　　　　　　　　　　　　　🦻 ? → / ga-ga /

　　　テレビ画像 📺（口の形のみ）→ / ga-ga / ↗

一方で，逆に，テレビの画像で，口の形を示す部分を見えにくく画像を処理すると，被験者は / ba-ba / と認識する。

(29)　スピーカー 🔊（音声）　　　　→ / ba-ba / ↘

　　　　　　　　　　　　　　🦻 ? → / ba-ba /

　　　テレビ画像 📺（口の形のみ）→ / ga-ga /

このような画像に基づく調音過程（運動）である視覚情報（/ ga-ga /）が音声の知覚（/ ba-ba /）に影響を及ぼす現象は，「マガーク効果（McGurk Effect）」と呼ばれるものである（この名称は，発見者であるスコットランド人心理学者の Harry McGurk 氏の名前に基づいている）。このようにして，マガーク効果とは，音声の知覚が調音運動を示している視覚情報からの影響を明確に示すものであり，我々の言語の理解は，聴覚だけでなく視覚からの影響を受けた複合要素から成り立っていることを示し，マガーク効果と人間の言語の音声の知覚システムを理解するための多くの示唆を含んでいるものと言える。

1.8.　休止の役割

　さらに，このような分節音の知覚に関わる，興味深い側面の1つとしてあげられるものとして，「休止」(pause) の役割（機能）を調べた実験がある。杉藤 (1999) によれば，あるニュース放送の中からすべての休止を削除して，そのニュースを聞いていた被験者たちにその理解度を尋ねてみると，「速すぎて何をいっているのかわからない」という共通の答えが得られた。休止の時間は本来話し手の呼吸の時間であり，何の情報も持たない無駄な時間であるというわけではなく，実際は聞き手が話の内容を理解するために欠かすことのできない時間として機能しており，休止時間が聞き手にとっての短期記憶の時間になっていることを，この結果は示している。それゆえ，この休止の時間がなければ，聞き手は脳での情報処理のための時間が確保できないので話が理解できず，ニュースのスピードも速く感じることとなる。

1.9.　まとめ

　以上，本章で言語における音の習得（知覚）・喪失について，歴史的な観点や，生成文法的観点やその他のさまざまな観点から，具体的なデータを示しながら，概観した。

第2章　語彙の獲得・喪失と生物言語学

2.1.　語彙習得とは何か

　人間（幼児）が言語を習得してゆく段階で，その基本的な単位は単語（または語彙）というものであると思われる。もちろん，言語学的観点からの視点では，語よりも小さい単位である形態素（morpheme）という考え方もあるが，本章ではとりあえず，単語また語彙という用語を中心に用いることにする（随時，形態素という単位も取り扱う）。

　人間が言語活動で用いる語彙の種類には2種類あると言われている。1つは能動的語彙（active vocabulary）と言われるもので，話し手が自分の発話において自分で用いて表現活動ができるものである。もう1つは，聞き手として，読んだり，聞いたときに理解できるだけで，自分で自由に用いることができない語彙が受動的語彙（passive vocabulary）である。通常，一般的な人では，所有している語彙の数は，前者である能動的語彙の数よりも，後者である受動的語彙のほうが多いと言われている（西原・

リース (2018))。

　例えば，次の 2 つの語を例にとって概説を行う。(1) の例では能動的語彙として look を挙げ，受動的語彙としては translate を挙げ，対比してみる。多くの話者が前者の語彙を look at という熟語として用いることはかなり容易であったが，後者の translate では他動詞である熟語としての用法は，以下に挙げるような熟語を理解していないとうまく使用することは不可能であろう。

(1) a.　能動的語彙：

look（見る）→ look at → Did you **look at** him?

（あなたは彼を見ましたか？）

b.　受動的語彙：

translate（翻訳する）

*You translate English Japanese.

→ **translate** A **into** B（A を B に翻訳する）

→ You **translate** English **into** Japanese.

（あなたは英語から日本語に翻訳している）

上記の例で，能動的語彙（look）が容易に使用できる（能動的使用）のに対して，受動的語彙（translate）では動詞を適切な熟語で用いることは語の難易度から判断してなかなかうまくできない（受動的使用）のが現状である。

　また，こういった様々な語彙・単語は，先に述べたさらに小さな言語単位である形態素とともに，人間の脳内にある辞書システムとして機能している，語彙収納庫である心的辞書（メンタルレキシコン：mental lexicon）にすべて登録されていると考えられ

ている。もちろん，この心的辞書は人間の脳内に格納されている語や形態素などの抽象的な集合体であるので，我々が使用する学習用の具体的な紙媒体や電子版の辞書類とは異なっていることにも注意しなければならない。

(2)　心的辞書 (mental lexicon)

> a, book, kind,
> at, off, un-, in-,
> -ness, -ly, -ment
> …

2.2.　語彙習得に関する基本概念

　本節では，語彙習得に関わる基本概念やその傾向というものについて提示する。語彙習得（第二言語を含む）に関わる語の使用頻度というものは非常に重要な内容であり，使用頻度の高い語と低い語との関係性は以下に示されるものである。

(3)　使用頻度の高い語の理解度は高く，使用頻度の低い語の
　　　理解度は低い。　　　　　　　　　　　　　　（西原（2019））

語彙の習得には，上記のような頻度に関わることも重要な役割を担っているが，以下の述べる内容もまた，重要な項目とされている。

(4)　単語の語義ネットワークの構築が重要である。
　　　　　　　　　　　　　　　　　　　　　　　（西原（2019））

西原（2019）は，「語義ネットワーク」を構築することによって，単語の習得には，ランダムに無意味な語を列挙して習得するよりも，ある種の語と語の間の関係性や関連性があるほうが，習得されやすいと述べている。

　例えば，次のような「カナリア（canary）」という単語の語義ネットワークを構築することは有益であり，以下にその一例を提示することにする。

　　(5)　カナリア：canary-bird-pet-sing-yellow

（西原（2019））

どのような形にしろ，先に見た語義ネットワークの構築は，語彙習得に欠かすことのできない要素である（西原（2019））。

　また，語彙と語彙のイメージの関係性も重要な役割をしているといえる。したがって，次のように提案できる。

　　(6)　語彙の意味をイメージと結びつけることが重要である。

（西原（2019））

西原（2019）によれば，語の意味とイメージを結びつけやすい語は，語のイメージと意味を結び付けにくい語よりも習得されやすい。したがって，一般的に，抽象的語彙よりも具体的語彙のほうが，習得されやすいと考えられる（以下参照）。

　　(7)　具体的語彙：book, dog, fish

＞抽象的語彙：kind, happy, sad

（西原（2019））

それゆえ，イメージ性が高い語のほうが，低い語よりも学習課題

28

として接する際に想起されやすい。また，上位語と下位語，類義語（同義語），反対語（対義語）という関係性も語彙習得には必須条件である。しかしながら，相澤（2018）によれば，反対語（対義語）というグループ類よりも，類義語（同義語）というグループ類の語彙のほうが混乱，混同を引き起こしやすく，習得しにくいとも指摘されている。

(8) a. 反対語： big, small（○）

           ↓

   b. 類義語： big, tall, fat, high（△）

さらに，相澤（2018）は，反対語では対になっているどちらか一方を，より早く獲得することがあるとも述べている。

(9) fat ＞ thin / high ＞ low / long ＞ short

（相澤（2018）を一部改変）

上記で見てきたように，人間は語彙（単語）を心的辞書（メンタルレキシコン：mental lexicon）と呼ばれる脳内辞書に収納をしていることが分かる。

2.3. 心的辞書の役割について

　この心的辞書には，語彙に関わる様々な情報が，登録されており，それは語彙の意味，品詞，音声，綴り字，統語情報などである（西原（2019））。以下にそれらを“book”と“put”という単語を例にとって図示することにする。

(10) a.　"book"　音声：　[buk]

　　　　　　　　　強勢：　母音の [u]

　　　　　　　　　意味：　本

　　　　　　　　綴り字：　book

　　　　　　　　　品詞：　名詞

　　　b.　"put"　　音声：　[put]

　　　　　　　　　強勢：　母音の [u]

　　　　　　　　　意味：　〜を … に置く

　　　　　　　　綴り字：　put

　　　　　　　統語情報：　他動詞（後ろに目的語と場所を示す
　　　　　　　　　　　　　副詞句）

　このような語彙に関わる様々な情報を，人間は発話のたびに心的辞書から選び出し，使用していることになる。これらの心的辞書における語彙情報の登録は，母語話者にとっては基本的に学習というプロセスは不要であるが，第二言語習得話者にとっては明示的かつ暗示的にも，一定のレベルでの習得というプロセスが必要となり，語彙情報の不完全さ，というものがしばしば散見される。

　これらの語彙情報は，一見すると語彙の意味や発音の情報が主なものとして考えられるが，上記の "put" という単語の情報においては，そこに含まれる統語情報も非常に重要な役割を担っている。この "put" という単語は単語本来の情報と同時に見られるように，重要な統語情報を含んでいる。第二言語習得者の中には，この統語情報が心的辞書に十分に登録されることがないので（特に日本語文からの解釈においては適格文なので），以下のよう

な，英語話者の持つ統語情報に反した誤文を生成してしまう。

(11) a. *I put the egg.（私は卵を置いた）

　　 b. 　I put the egg **on the table**.［目的語＋場所］

これらの例から，心的辞書内にある語彙の情報は非常に複雑な場合が存在し，母語話者以外が同様の語彙を習得したとしてもその複雑性（どれくらいまで十分にその語彙の持つ意味情報等を知っているか）が，母語話者と同等ではない場合があることにも注意しなければならない。

　また，語彙習得で，海外の研究においても興味深く，注意すべき点としては，以下のような内容も重要である。

(12) a. 　In many languages, more frequent words are generally shorter.（多くの言語において，使用頻度の高い単語は，一般的に，より短い単語である）

　　 b. 　The Status of Frequency; "time" is pronounced significantly shorter than "thyme" because "time" is (much) more frequent than "thyme".
　　　　 （使用頻度の内容：time（時間）という単語は thyme（植物）という単語よりも短い時間で発音され，その理由は time（時間）という語のほうが，thyme（植物）より，より使用頻度が高いからである）　　　　　　　　　　　　（西原（2019））

(12a) からは，単語間において，使用頻度の高い語はその長さが「短い」ということを示している。普段，我々が使用している日常語は，使用されることが少ない医学や化学などで使用されている専門用語よりも「短い」といえる（以下参照）。

(13)　　　　　　　　〈日常語〉　　〈専門用語〉

  a.　歯茎　　　　gum　　　　alveolar［音声学］

  b.　前方　　　　front　　　anterior［音声学］

  c.　質問　　　　question　interrogative［英文法］

  d.　質問する　　ask　　　　interrogate［英文法］

さらに，(12b) からは，同じ発音で意味の異なる単語 (time, thyme) では日常語で使用されることの多い，時間の time のほうが使用されることが少ない植物の一種である thyme より発話時間が短いと指摘されている。このことからも使用頻度の高い語の発話時間が短いということは，この語の長さが短いということに対応していることが分かる。

　また，西原・リース (2018) によれば，心的辞書からの単語の取り出しの際には，一定の規則や制約なるものが関与することで，単語の発話が行われていると指摘している。例えば，以下に挙げる unkindness という単語の区切れは un-kind-ness であることは明白であるが，その構造は直線的ではなく，階層的構造になっていることに注意しなければならない。なぜなら，un- という要素は形容詞にしか付加してはならないという制約をもっており，kind という形容詞を名詞にかえる要素 -ness が kind に付加されて kindness という名詞が形成されると，un- は名詞である kindness に付加できなくなってしまう。それゆえ，(14a) の構造ではなく，(14b) の構造のみが un-kind-ness という単語の内部構造として適格である (* は不適格を示す)。

32

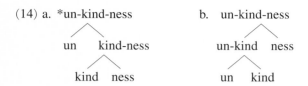

(14) a. *un-kind-ness   b. un-kind-ness

2.4. 弁別素性と語彙の喪失について

　弁別素性（distinctive features）とは，プラーグ学派という言語学の学派から提案されたもので，荒木（編）（1999）によれば，「ある音素（音）を別の音素（音）から区別するのに必要な音声的特徴である」と定義されている。この弁別素性とは，音素（音）よりも小さい単位から成り立っており，音素（音）が言語の最小単位ではなく，この弁別素性の集合体が言語の最小単位であるという点が重要である。例えば，2つの音素，[p] と [m] は，従来の音声学の観点からは，①どこで発音するのか（調音位置）や，②どのように発音するのか（調音方法）によって定義され，以下のようにその違いを提示することになる。

(15)   ①調音位置 ②調音方法

  [p] 両唇と口腔 （空気の）破裂

  [m] 両唇と鼻腔 （空気の）破裂

このように，2つの音素を区別する2つの基準はあくまで音声学的なものであり，直感的に2つの音素がどの程度類似しているのか，または，どの程度，異なっているのかを判別することは困難といえる。

　そこで，弁別素性は音素よりも小さな単位として存在する音素

の下位の要素と考えることができる。この弁別素性としては，かなり多くの項目（素性）が提案されているおり，その素性が存在するのか，そうでないのかを確定する，「二項対立（＋or−）」という概念から成立している。例えば，（15）で挙げられた，[p] と [m] は，以下のような 3 つの弁別素性によって区別することが可能となる。

（16）　　　　　　　　　　[p]　　　[m]
　　　〈弁別素性〉
　　　前方性　　　　　　＋　　　　＋
　　　声　　　　　　　　−　　　　＋
　　　鼻音性　　　　　　−　　　　＋

上記の素性で，前方性とは「舌の位置が口腔内で前方にきている」，声とは，「声帯の振動がある」，鼻音性は「音を作成するときに空気は鼻腔からながれる」という観点から判断され，その素性があれば，＋と指定され，なければ，−と指定されている。（16）からは，[p] と [m] は，鼻音性の違いだけではなく，声の観点からも（声帯の振動があるのか，ないのか，という点からも）異なっていることが明確に理解することができる。

　このような弁別素性の存在は，可視化されにくい抽象度の高いものであるが，この弁別素性の存在，機能が，失語症患者の音声的誤用を的確に説明できることを以下に提示することにする。まずは，先に見た弁別素性を含めて，一般的な弁別素性の表示を示し，その後に，失語症患者の音声的誤用との関わりを示すことにする。以下の音素の弁別素性の一覧をご覧いただきたい。

(17)

	[n]	[d]	[p]	[s]	[m]	[r]
〈弁別素性〉						
前方性	+	+	+	+	+	−
舌頂性	+	+	−	−	−	+
継続性	−	−	−	+	−	+
きしみ	−	−	−	+	−	−
声	+	+	−	−	+	+
鼻音性	+	−	−	−	+	−

(西原・高橋 (2013) を一部改変)

このような弁別素性の妥当性は，失語症患者の発話の誤用から見出すことが可能である。一般的に失語症患者の誤った発音は，かならずこれらの弁別素性の値の違い（＋や−の違い：＋はその素性があることを示し，−はその素性がないことを示す）によるもので，その値の違いが１つ，または２つに限定される可能性が高いという事実である。そこで，以下に失語症患者の発話の誤用のパターンを弁別素性の値の変化の観点から表示を示すことにする。

(18) 〈弁別素性〉

    a. 鼻音性

        [＋] → [−]： [n]eko（猫）→ [d]eko, [n]eru（寝る）→ [d]eru

        [−] → [＋]： ko[d]omo（子供）→ ko[n]omo

    b. 舌頂性

        [＋] → [−]： [n]abe（なべ）→ [m]abe

　　c.　継続性

　　　[＋] → [－]：　[r]appa（ラッパ）→ [d]appa

（中島（1979））

（18a-c）の例から分かるように，すべて失語症患者の誤りは，
（17）で挙げられた弁別素性の変更（違い）によって，説明が可
能となっていることが分かる。そして，これらの誤り（18a-c）
からは，弁別素性の値の違いが，おおよそ 1 つであることが確
認できる。

　笹沼（1978）によれば，弁別素性の違いの数に基づく，誤りが
起きる可能性は以下のように段階的であると指摘されている。

（19）　弁別素性の誤りの数と間違いの可能性

　　a.　弁別素性の違いが 1 つの時：間違いの可能性：58％

　　b.　弁別素性の違いが 2 つの時：間違いの可能性：28％

　　c.　弁別素性の違いが 3 つの時：間違いの可能性：12％

　　d.　弁別素性の違いが 4 つの時：間違いの可能性：2％

（笹沼（1978））

このように，失語症患者の発話の誤りは，なんらかの規則性のな
いランダムな誤りではなく，一定の確率を持った規則性にした
がったもので，その規則性を決定する要素は，弁別素性によるも
のであることが分かる。（19d）が示すように，4 つの弁別素性の
異なった音素への誤りはおおよそ，失語症患者の発話の誤用では
起きないということが分かる。

2.5. 生物言語学

　人間の発話能力の優位性は，生物学的観点からも説明されることがあり，人間の喉にある喉頭といわれる部分の働きが，人間以外の哺乳類や猿とは構造やその機能において大きな相違があると指摘されてきている。

　池内（2012）に従えば，P. リーバマンらによる研究で，喉頭の永久降下は人間にとっての独特な変化であり，これが人間のことばの豊かな発声・発音を可能にした，という仮説が主張されてきたことはよく知られた事実であると指摘している。

　しかし，「喉頭の永久下降が人間のみにある」というような主張にはすでに明確な反証例が指摘されている。Fitch and Reby（2001）によれば，アカシカの雄では，喉頭の静止位置は人間の場合とほぼ同じで，吠えている間は胸骨の位置まで下がるということである。喉頭の降下は人間に唯一的ではなく，独立した系統に少なくとも 2 回起こったものとされている。そして，それは発音器官を「長く」し，吠え声を低くすることによって，聞き手に自分の体のサイズを大きく思わせる効果があり，咽頭降下は，この意味での適応であり，言語発話への適応ではないとも考えることができる（Fitch（2009）を参照）。

　また，喉頭機能の詳細については，内田（2012）において次のように説明されている。すなわち，基本的音声生成メカニズムは霊長類全般で同じであるが，現生の人間には多くの特徴がある。重要な違いは喉頭の位置で，幼児を除いて他の霊長類よりも低い位置にある。下降した喉頭の獲得によって，食物や飲み物を食べたり飲んだりが呼吸と同時にできないという不都合が生じたので

あった。一方で，舌の可動域が広がり長くなった声道の形が変化
することによって，他の霊長類では明確に出せない母音の数が増
えたとも指摘されている (Fitch (2010) を参照)。

　さらに，他の霊長類の呼気および吸気にともなう音声とは異な
り，現生の人間の発声は呼気の際のみに限られる (現生の人間は
基本的に吸気の際に発声することは不可能であるが，一部のアフ
リカ諸語の中には例外的に吸気にて言語音を作り出す言語も存在
する)。発話は連続した音を高速で生成するという特徴があり，
これを可能にしているのが，胸部神経系の繊細な呼吸のコント
ロールであることは明白である (Lieberman et al. (1992) を参照)。

　現生の人間の話し言葉に必須と思われる喉頭の下降や胸部神経
系の機能変化がいつ，なぜ生じたのかについては明確な答えはな
い。しかし，直立二足歩行に伴う脊椎と脳頭蓋位置関係の変化や
平たくなった胸部，強化された姿勢保持コントロールなどとの関
連は否定できないものである。ホモ・エレガスタやホモ・エレク
トスの胸部脊椎の神経管の形態からは，短い連続した音素の発声
は可能でも，現生の人間と同じような言語は持っていなかったこ
とが研究から明かにされている (Maclarnon and Hewitt (2004) を参
照)。

2.6.　まとめ

　本章では，語彙の習得と喪失に関わる，様々な要因を概説しな
がら，最新の研究成果も提示してきた。また，語彙の習得などの
基本的要因の 1 つでもある生物言語学について概観を行った。

第3章　統語・意味の獲得

3.1.　統語論の情報処理について

　本節では，統語構造の獲得の際に関わる，情報処理についてま
ず概説する。重野（2012）によれば，次の2つの英文は関係詞節
が中央に埋め込まれている構造を持ってはいるが，読み手によっ
てはその処理の困難さには相違が生じると述べている。

(1) a.　The reporter **that attacked the senator** admitted the
　　　　error. (その議員 [を] 非難したレポーターはその誤りを認めた)

　　b.　The reporter **that the senator attacked** admitted the
　　　　error. (その議員 [が] 非難したレポーターはその誤りを認めた)

重野（2012）によれば，（1a）の関係代名詞は主格である構文で
あり，（2b）は関係代名詞が目的格である構文であると指摘して
いる。したがって，2つの観点から（1b）の構文はその文処理が
困難だと述べられている。

　第1点は，（1b）では関係詞節 **that the senator attacked** が

主節に埋め込まれていて，主節の the reporter ... admitted the error を途中で分断している構造であるからである。それゆえ，分断されたワーキングメモリーを保持することが求められることになり，理解の困難さが増すと考えられえる（ちなみに，(1a)では，The reporter は主節でも関係詞節でも主語となっており，分断をしていない）。

　第2点目は，The reporter は主節の主語であると同時に関係詞節の目的語であるので，1つの概念が異なった2つの役割を担っていることにより，理解は，より困難になっていると指摘している（(1a) では，The reporter は主節と関係詞節，いずれにおいても主節（主語）の役割で，1つの単純な役割である）。

　次には，文構造について曖昧性を持った2つの構文の文理解について検討を行う（中西 (2017)）。

(2) a. Since Jay always jogs **a mile**/*this* <u>seems</u> like a short distance to him.（目）（主）
   （Jay はいつも1マイルジョギングしており，その距離は彼にとっては短かった）

   b. Since Jay always jogs **a mile** <u>seems</u> like a short distance to him.（目→主）
   （Jay はいつもジョギングをしており，1マイルは彼にとっては短かった）

英語母語話者のデータによれば，seems に関わる読み時間は，(2a) よりも (2b) のほうが長く，戻り読み回数も多くなると提示されている。すなわち，(2b) の文において，a mile が挿入された時点で，従属節の動詞の目的語と捉えられたものが，seems

の挿入時点において，a mile が後続する動詞の主語であること
が分かったため，文構造を再分析しなければならなくなったため
である。一方，（2a）においては，a mile は従属節の目的語で確
定し，（2b）のような複雑な文構造の分析をする必要はないこと
が分かる。

　また，中西（2017）に基づき，統語理解について，以下の曖昧
文を例にとって検討をする。

(3) a.　A boy saw a man with a telescope.

　　b.　A boy saw [a man with a telescope].

　　　　（少年は望遠鏡を持った男を見た）

　　c.　A boy saw [a man] [with a telescope].

　　　　（少年は望遠鏡で，男を見た）

（3a）の英文の構造と解釈は，動詞 "saw" の後の部分の統語構造
によって異なっている。（3b）では，動詞の後ろが一体化した，
動詞句付加構造であり，（3b）では，動詞のあとに名詞句（前置
詞句を含む）が後続している名詞句付加構造である。
以下の樹形図をご覧いただきたい。

(4) a.　動詞句付加構造

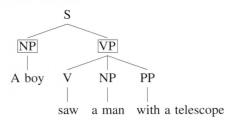

b.　名詞句付加構造

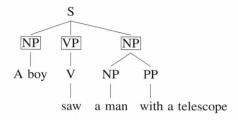

（4a）の文構造のほうが，節点の数（NPなど）が（4b）よりも少ない構造をもっており構造が単純なために，母語話者は（4a）のほうを好む傾向にあると指摘されている。

　なお，この原則は，「最小付加の原則」と呼ばれているものである。

3.2.　文理解の意味と認知

　一般的に，人間は話し相手の言葉の意味が分からなければ，お互いの会話が成り立たないということが言われている。では，言葉の意味が分かるということはどのようなことだろうか。

　時本（2020）によれば，話し相手の言った言葉の意味が分かれば，それによって会話は成り立つのか，ということは，次のような会話から説明が可能である。

（5）　A：「パーティーに行かない？」
　　　B：「宿題があるんだ！」

この会話では，Aがパーティーに行くのかどうかを質問しているが，すなわち，「イエスかノー」を聞いているが，Bは行くと

42

も行かないとも答えていない。しかし，A は B が直接の答えと
なる「イエスかノー」とは言わなくても，「パーティーに行かな
い」とちゃんと理解することができる。これらによれば，「宿題
があるんだ！」という B の発言には，「パーティーに行かない」
という意味の「含意」があったこととなる。そして，この会話
での「含意」は，以下のような A の「推量」という段階をへて理
解されることとなる。

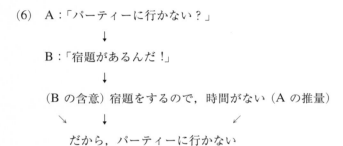

このようにして言葉でコミュニケーションをとっていると思われ
る日常会話においても，聞き手に伝えたいと思う内容の一部分し
か言葉として相手に伝えていないにもかかわらず，話し手の意図
していることを遠回しにして聞き手に伝えることも可能である。
　このようにして，我々は，日常会話において，すべてを聞いて
理解できなくても，相手の意図を推理し理解する能力があり，含
意された内容もほとんど苦労をすることなしに理解が可能であ
る。それゆえ，このような「含意」と「推量」の関係が成り立た
ないような会話も存在する。以下の会話の例を参照されたい。

(7)　A：「パーティーに行かない？」

　　　B：「*バラは赤いね！」

（7）の会話は，（5）の会話と同様に，B の答えは，A の質問の直接の答えとなっていない例であるが，（6）のように A は「推量」を経て，B が「パーティーに行かない」と理解することはできない。

　すなわち，A の質問に対して，B の答えで「バラは赤いね。」という返事には「含意」となる要素が含まれていないので，A は B の答えから推理をめぐらすことはできないので，（7）の A の含意・意図にしたがって「パーティーに行かない」というように理解することはできない。

　では，人間の会話における含意とそれを理解するための推量との関わりを脳の機能に基づいた実験から，見てみることにする。時本（2020）によれば，fMRI を使用して以下のような実験を行い，そこでは実験参加者に以下のような 2 つのパターンの会話を読んでもらい，質問に対する回答が直接的な場合と間接的な場合での脳の活動について比較を行った。

(8) a.　直接的回答

　　　　洋子は美術の授業に出席していて，絵を描き終えました。洋子は友人の愛に尋ねました。

　　　　A: 洋子「私の油絵，どう思う？」

　　　　B: 愛　「あなたの絵，すごくいいわ。」

　　b.　間接的回答

　　　　太郎は授業で 10 分間の発表をしました。発表の後，太郎は友人の次郎に尋ねました。

> A: 太郎「俺の発表，どう思った？」
> B: 次郎「<u>良い発表をするのは難しいね。</u>」（含意：発表
> はよくなかった）

（時本 (2020)）

時本 (2020) は，(8) の実験の結果，直接的回答よりも，間接的
回答のほうが，活発に活動した脳の部位が多く見られたと，指摘
している。通常，言語に関わる脳の部位は左半球の左下前頭回や
前頭前野の内部側で「言語野」と呼ばれている部分であるが，間
接的回答で活発に活動した部位は，左半球の「言語野」など以外
の場所である右半球の右下前頭回なども，活発に活動しており，
これが間接的発話の理解に関わっていることが分かる，と述べて
いる。

　これらの実験結果をまとめると，以下のように図示できる。

(9) 　　　　　　　〈左脳（言語野）〉　　　〈右脳（非言語野）〉
　　　　　　　左下前頭回・前頭前野（言語野）　右下前頭回

	左下前頭回・前頭前野（言語野）		右下前頭回
a. 直接的回答	○	○	×
b. 間接的回答	○	○	○

このようにして，あいまいな会話表現における言語処理脳の過程
が，通常の言語処理の過程よりも複雑であるということが分か
る。

　最後に，間接的回答の言語処理プロセスは，直接的回答よりそ
のプロセスが多様であり，より理解のための段階（ステージ）が
多くなっていることは以下のようにまとめられる。

(10) a.　直接的回答　**質問** → 回答 ⇒ **理解**

　　　b.　間接的回答　**質問** → 回答 [→ 含意 → 推量] ⇒ **理解**

3.3.　まとめ

　以上，本章では，統語の分析の方法や，文の意味解釈などの原則等について概観をした。なお，生成文法的分析や意味解釈においては認知分野や脳科学の観点からも考察を行った。

第4章 第二言語習得のプロセス

　第4章では，第二言語習得研究（Second Language Acquisition research，以下 SLA とする）に基づいて，第二言語（外国語）の音声，語彙，形態素，統語などが習得（学習）されるプロセスについて概観する。

4.1. 用語の整理

　まず，類似した用語であるため混乱しやすい，「第一言語（first language: L1）」と「第二言語（second language: L2）」の区別から説明する。第一言語（母語）とは，我々が生まれてから最初に習得する言語のことである。例えば，日本語を話す両親の下に生まれ，日本語で育てられた場合，日本語が第一言語（母語）である。第一言語は，英語で First Language で，1 番目（First）に習得される言語（Language）であるため，L1 と表記される。一方，第二言語とは，我々が少し大きくなってから学ぶ2つ目の言語

のことである。例えば，小学校3年生で母語以外の言語である
英語を学ぶ場合，英語が第二言語である。第二言語は，英語で
Second Language で，2番目（Second）に習得される言語（Lan-
guage）であるため，L2 と表記される。

　第二言語である英語を学んだ後に，フランス語，韓国語を学べ
ば，フランス語は第三言語（L3），韓国語は第四言語（L4）とな
る。しかし，SLA では，第三言語や第四言語も含めて，第二言
語（L2）として論を進めることが多い。その主な理由は，第三言
語，第四言語でも，音声，語彙，文法などが脳で処理されるプロ
セスは第二言語と類似していると考えられているからである。こ
のことから，本章でも，第三言語，第四言語等も，便宜上，第二
言語（L2）と表記する。

　また，日本語母語話者の父親と韓国語母語話者の母親の下で育
つ子どものように，2つの言語を第一言語として同時に習得する
場合も少なくない。このようなケースを同時型バイリンガル（si-
multaneous bilingual）と呼ぶが，本章では取り上げない。関心
のある方は拙稿（鈴木（2017））などをご覧いただきたい。

　次に，第二言語としての英語（English as a Second Language:
ESL）環境と外国語としての英語（English as a Foreign Lan-
guage: EFL）環境の区別について，説明する。第二言語として
の英語環境（以降，第二言語環境とする）とは，英語が教室外で
も日常的に話される環境を指す。例えば，日本語母語話者がイギ
リスやアメリカで英語を学ぶ場合，それは第二言語環境である。
一方，外国語としての英語環境（以降，外国語環境とする）とは，
英語が教室外ではほとんど話されておらず，英語使用が教室内に
限られる環境を指す。例えば，日本語母語話者が日本で英語を学

48

ぶ場合は外国語環境である。この区別に基づくと，日本人が日本で英語を学ぶ場合は，外国語環境であることから，英語は日本人にとって第二言語ではなく，外国語であるという考え方もできる。しかし，SLA では，第二言語と外国語を使い分けずに論を進めることが多いことから，本章もそれに従う。様々な理由があるが，まず，第二言語であれ，外国語であれ，新しい言語を聞き，それを理解したり，考えや気持ちを話したりするメカニズムは，共通であると考えられているからである。また，現代では，第二言語環境と外国語環境の区別が曖昧になるからである。例えば，外国語環境であっても，映画・音楽・ラジオ・テレビなどのエンターテイメント，ソーシャルメディア，e-mail・ウェブサイト・YouTube などのインターネットを介して，第二言語環境のように膨大な量の英語に触れることも可能だからである。一方で，第二言語環境であるアメリカに住んでいても，教室外では母語を共有する人同士で集い，母語で社会生活を営み，外国語環境のように教室外では第二言語をあまり使用しないケースも稀ではない（チャイナタウンやコリアンタウンなど）。

　以下では，第一言語を習得した後に第二言語を学習するということが，年齢，第一言語，環境等の様々な要因に影響を受けるということを概観していく。

4.2. 臨界期仮説

　第二言語を学ぶなら早い方がよいだろうか。第二言語習得における年齢の議論においてよく出てくるキーワードが臨界期仮説（Critical Period Hypothesis: CPH）である。SLA における臨界

期仮説とは，母語話者のレベルに達するためには，ある一定の時期（例えば3歳から12歳）までに，第二言語に触れる必要があるという考えである（第一言語の臨界期仮説については1.3節を参照）。その時期を過ぎると，学習者は第二言語を母語話者のように容易に習得することができず，母語話者同等の第二言語能力を習得することができないと考えられている。以下では，臨界期仮説を検証した研究としてよく引用される Abrahamsson and Hyltenstam (2009)，Johnson and Newport (1989)，Snow and Hoefnagel-Höhle (1978) の3つの研究を簡潔に紹介する。

　Abrahamsson and Hyltenstam は，第二言語としてスウェーデン語を習得しているスペイン語母語話者の発話を，スウェーデン母語話者に聞かせ，母語話者かどうかを判断させる実験を行っている。その結果，1〜11歳でスウェーデン語を学び始めたスペイン語母語話者の3割が母語話者だと判断された。一方，13歳以降に学習を始めた人は1割しか母語話者と判断されなかった。これらの結果は，「第二言語を学ぶなら早いほうがよい」という通説をある程度支持しているように見える。

　Johnson and Newport は，3歳から39歳の間に米国に移住した大学生や大学院生を中心に，英文を聞かせてそれが文法的に正しいかを判断させる文法性判断テスト（Grammaticality Judgement Test: GJT）を受けさせる実験を行った。移住年齢と文法性判断テスト得点の関係を分析した結果，移住した年齢が低ければ低いほど，文法性判断テストの正答率が高いことが分かった。これらの結果も，学ぶなら早いほうがよいという定説を支持しているように見える。

　Snow and Hoefnagel-Höhle は，8〜10歳の子ども，12〜15

歳の生徒，大人の英語母語話者が第二言語であるオランダ語を習得する速度について研究した。研究の結果，学習初期（3 か月）では，12 〜 15 歳の生徒の成績が 1 番よく，続いて大人で，8 〜 10 歳の子どもの成績は 1 番悪かった。しかし，学習開始 10 か月にもなると，8 〜 10 歳の子どもが他の学習者に追いつき，その後は追い越すことが示されている。これらの結果は，長期的に学ぶのであれば，早いほうがよいという学説を裏付けるものとなっているであろう。

　これまでの SLA の成果を総合すると，教室外でも十分に第二言語に触れられる環境であれば，学習を開始するのが早いほど，また学習期間が長いほど，第二言語の習熟度が，（母語話者並みに）高度なレベルにまで達する可能性が示唆されている（鈴木 (2022)）。つまり，第二言語環境で検証された SLA の成果に基づけば，臨界期仮説は部分的ではあるが支持されていると言えるだろう。

　一方，日本のような外国語環境で英語を学ぶ場合ではどうだろうか。残念ながら，臨界期仮説を支持する結果は必ずしも得られないこと（Muñoz (2006) など），もしくは早くから学習することの効果は限定的であること（Larson-Hall (2008) など）が示されている。例えば，Muñoz は，スペインで英語を学んでいる様々な年齢の学習者（8 歳から大人）を対象に，様々なテスト（ディクテーション，穴埋め，リスニングなど）を，指導開始から 200 時間後，416 時間後，726 時間後に実施した。テストの成績と指導時間の関係が分析されている。分析の結果，学習時間に関わらず，11 歳以降に学習した群が，8 歳で学習した群よりも，全体的にテストの成績が優れていることが分かった。本来であれば，

8 歳群が 11 歳群よりもテストの成績が優れるはずであり，臨界期仮説に疑問を呈した形となっている。

　Larson-Hall は，様々な年齢で英語学習を始めた日本人大学生を対象として，文法性判断テスト（GJT）と /r/ と /l/ を区別させる音素識別テストを実施した。3 歳から小学生の間に英語学習を始めた大学生（早期開始群）と，12 歳以降に英語を学習し始めた大学生（中学校開始群）が比較されている。比較の結果，早期開始群が音素識別テストの正答率が少々高くなるものの，文法性判断テストの正答率は中学校開始群とあまり変わらなかった。このように，外国語環境では，外国語学習の開始年齢を早めることは，その習得にとって必ずしも有利に働かないことが SLA では明らかにされている（鈴木（2022））。

4.3.　音声の習得

　第二言語の音声習得に関する研究は，分節音（segmentals）に関する研究と超分節音（suprasegmentals）に関する研究に大別される。分節音とは，子音や母音などの個々の音声を指す（第 1 章を参照）。一方，超分節音とは，声の高さ，プロソディ，強勢（ストレス）などの音声を指す（第 1 章を参照）。SLA では，超分節音よりも，分節音に関する研究が多く行われてきている。現在のところ，/æ/ の音が /ʌ/ の音より早く習得されたり，/p/ と /b/ のペアが /t/ と /d/ のペアより先に習得されたりするなどの，分節音の発達順序を示したものはない。第二言語の音声習得に関する研究は，以下で述べる語彙，形態素，統語に関する研究よりも量が少なく，遅れている印象がある。しかし，近年，様々な研

究者が，第二言語の音声習得に関する研究，特に，何らかの明示的な指導を行うことが，学習者の発音能力の向上につながるかどうかに関する研究を活発に行ってきている（Saito and Plonsky (2019））。

　初期の SLA では，第一言語と第二言語の相違・類似が第二言語の習得を困難・容易にすると考えられていた（5.1 節を参照）。現在の SLA では，第二言語の音声は，第一言語に固有な音声的特徴がフィルターとなって聞き取られるというのが有力な仮説である（Flege and Schmidt (1995））。例えば，日本人が right の子音 /ɾ/ と light の子音 /l/ の学習する場合を考えてみよう。まず，日本語の「ら」「り」「る」「れ」「ろ」に含まれている子音 /ɾ/ と英語の right に含まれる子音 /ɹ/ は異なっている。英語の /ɹ/ を発音する場合，舌先はどこにも触れないが，日本語の /ɾ/ を発音する場合，一瞬歯茎に接する（那須川 (2018））。したがって，英語の子音 /ɹ/ は，日本人の英語学習者にとって，新しく学習しなければならない音として認識される。そのため，英語の /ɹ/ は，適切に指導され，学習されれば，習得は可能であると考えられる。一方，英語の /l/ は，日本語の /ɾ/ と似ているため，日本人の英語学習者は /l/ を日本語の「ら」を構成する子音 /ɾ/ で代用して，聞き取ってしまう。その結果，英語の /l/ の音が新しい音として認識されないため，習得が困難であるとされている（Saito (2013））。

　では，第一言語と第二言語が異なり，第一言語に固有な音声的特徴がフィルターになっていれば，第二言語の音声は習得できないのだろうか。SLA 研究者は，何らかの明示的な指導を行うことが音声習得に効果があることを示してきている（Saito and Plonsky (2019))。さらに，近年，指導の効果に影響を及ぼす重要な要因が特定されつつある。以下では，日本人の英語の音声習得を取り上げた Saito (2011) と Saito and Lyster (2012) を取り上げて説明する。

　例えば，Saito は，日本人大学生を対象として，英語の8つの分節音（/æ/ /f/ /v/ /θ/ /ð/ /w/ /l/ /ô/）に関する指導の効果を検証している。指導には，分節音の説明，音素を聞き分ける練習，音素を発音する練習が含まれており，4時間行われている。指導の効果を，文を読み上げるテストと絵を描写するテストの2種類のテストを実施した。テストについて，発音の分かりやすさ（comprehensibility）と外国語訛り（foreign accent）の2つの観点から，分析した。分析の結果，指導を行うことで，文を読み上げるテストにおいて，発音の分かりやすさが向上することが分かった。一方，指導の効果は，絵を描写するテストや外国語訛りの点では見られなかった。

　Saito and Lyster は，日本人を対象に，指導やフィードバックが，英語の子音 /ɹ/ の習得に効果をもたらすかを検証している。彼らは，（指導＋フィードバック）群，指導のみ群，統制群の3つのグループを用意している。（指導＋フィードバック）群は，英語の子音 /ɹ/ に気付くように様々な工夫が施されている会話活動と /ɹ/ の発話が間違ったら正しい言い方を聞かされた。指導のみ群は，上記の会話活動は行われるが，/ɹ/ の発話が間違っても無視され訂正されなかった。統制群は，/ɹ/ の発音に関する指導やフィードバックは一切なく，英語の母音習得を念頭に置いた会話活動を行っている。研究の結果，指導を受けるだけではなく，フィードバックも受け取ることが，英語の /ɹ/ 習得に効果がある

ことが示された。一方，指導の効果は，授業で扱わなかった単語
における /ɹ/ の発音の向上にはつながらないことも示された。

　このように，SLA では，まず，何らかの明示的な指導を行う
ことは音声の習得に効果があることが明らかになっている。特
に，コミュニケーションを行っている際に，学習者が間違った発
音に対してフィードバック，つまり否定的証拠（negative evi-
dence）を与えることが重要である。否定的証拠とは，第二言語
ではそのように言わないという情報であり，そのような否定的な
情報に気付くことは，第二言語の音声だけではなく，語彙や文法
の習得においても，重要であるとされている。

　次いで，発音指導の効果に影響を及ぼす様々な要因が SLA で
は明らかにされつつある。例えば，指導の効果を測定には，提示
された単語や文を読むようなテストのほうが，絵を描写するよう
な自然な会話らしいテストよりも，向いている（Saito (2011)）。
また，指導の効果は，外国語訛りよりも理解しやすさに現れやす
い（Saito and Plonsky (2019)）。さらに，指導の効果は，外国語環
境よりも，第二言語環境の方が現れやすい（Lee, Jang and Plonsky
(2015)）。そのほかにも，習熟度（Lee, Jang and Plonsky (2015)），
年齢（Larson-Hall (2008)），適性（Saito, Suzukida and Sun (2019)）
などの学習者要因も音声習得や音声指導においては重要であるこ
とが徐々に分かってきている。

4.4.　語彙の習得

　覚えるべき単語が多すぎて何から勉強していいか分からない。
覚えたはずなのにすぐ忘れてしまう。あんなに書いて覚えたはず

　なのに，会話の際になかなか出てこない。このような悩みを抱えている学習者は多い。本節では，まず，単語を知っているということはどういうことかを示し，次いで英語の語彙学習や指導における重要なポイントをまとめる（第2章も参照）。

　単語を知っているということは，何単語を知っているかという語彙の「サイズ（size）」の問題と，単語についてどのくらい豊かに知っているかという語彙の「深さ（depth）」の問題で論じられることが多い。まず，サイズの問題から見てみよう。

　突然だが，読者の皆さんは，英語母語話者が何単語知っているかをご存じだろうか。Nation (2022) によれば，教養ある英語母語話者は約 20,000 語を知っているとされている。まず，ここでいう「1語」とは，一般的に言う1語と異なり，「ワード・ファミリー（word family）」を意味していることに注意したい。ワード・ファミリーでは，ある単語の活用形や派生形も含めて，「1語」と数える。例えば，happy, happier, happiest, happily, happiness, unhappier, unhappiest, unhappily, unhappiness, unhappy など全部で「1語」と数える。したがって，英語母語話者が知っているとされる 20,000 語がいかに膨大な量であるかが分かるだろう。

　日本人の英語学習者が，限られた時間や状況の中で，英語母語話者のように，20,000 語を習得するという目標を掲げることは，現実的ではない。学習者にとってどの程度の語彙数が必要になるのかは，彼らの到達目標によって異なるため，一概に論じられない。しかし，日本人の英語学習者においては，まず，高頻度語 3,000 の習得を目指すとよいと考えられる。その理由は，高頻度語 3,000 は，一般的な会話に出てくる単語の約 95% をカバーす

56

るからである（Nation（2022））。2020 年から施行されている学習
指導要領において，高等学校までで習得すべき語彙数は4,000 〜
5,000 と定められていることから，3,000 語レベルの語彙をできる
るだけ早くマスターしたい（させたい）ものである。

　次に，語彙の深さであるが，ここでは英語の nation という単
語で考えてみる。語彙知識は様々な側面があり，例えば，発音
（/néɪʃən/），スペリング（nation），接辞・語根（-tion），意味（国
民，国家，民族など），連想するもの（例えば，フランス革命），
文法的機能（名詞），コロケーション（例えば，United Nation）
などがある。SLA によれば，学習者は，単語の様々な側面を一
度にすべて覚えるわけではなく，様々な側面を様々な場面で何度
も何度も出会うことで非常にゆっくりと獲得していくことが知ら
れている（Nation（2022））。

　中田（2019）によれば，語彙習得のプロセスで重要なのは，①
語形（スペリングや発音）を知ること，②意味を知ること，③語
形と意味を結び付けること（マッピング）の3つのプロセスであ
る。例えば，nation という英単語を習得することを考えてみよ
う。①の語形を知るということは，スペリング（nation）や発音
（/néɪʃən/）を知ることに当たる。②の意味を知るというのは，
「国家」という意味を知ることを指す。③の語形と意味を結び付
けるということは，nation という英単語を「国家」という意味と
結びつけるということを指す。

　このような語彙習得プロセスを理解した上で，どのように語彙
指導をするべきだろうか。ここでは3点に絞って解説する（中田
（2019））。第一に，語形（音声やスペリング）と意味を結び付ける
（マッピング）指導を最優先にするということだ。その際，学習

者や教師が気を付けなければならないのは，母語と第二言語が一
対一対応ではないため，母語の訳では正確な意味を捉えることが
できない場合があるということである。例えば，中学校では，英
語の wear を日本語の「着る」という意味で結び付けられること
が多い。学習が進むにつれ，wear a hat（帽子をかぶる），wear
pants（ズボンをはく），wear sunglasses（サングラスをかける），
wear a tie（ネクタイを結ぶ）など「着る」という日本語に必ずしも
対応しない wear の用例に出会い戸惑うだろう。そこで，『wear
は「着る」という意味だ』という知識を修正する必要が出てくる。
このような場合，第二言語の語彙の意味が母語の意味とどのよう
に違うのかをきちんと説明する必要があるだろう。

　第二に，新しい語彙を指導したら，当たり前に聞こえるかもし
れないが，学習者が完全に忘れる前に，それらを復習させること
である。それでは，いつ復習させればいいのだろうか。中田
（2019）によれば，覚えておきたい期間の 10％ ～ 30％ 程度の間
隔で復習を繰り返すという方法がある。例えば，1 年後の入学試
験まで上述した高頻度語 3,000 を習得させたいのであれば，1.2
～ 3.6 か月（12 か月 × 10％ ～ 30％）の間隔で復習を繰り返すと
いうことになる。毎日 20 語を勉強するとして，3 か月おきに復
習を繰り返せば，3,000 語すべてを 1 年間で 3 ～ 4 回復習させる
ことが可能である。

　第三に，語彙には上述したように様々な側面があるため，それ
ぞれの側面で有効な学習法に変える必要がある。ここでは，意図
的語彙学習（intentional vocabulary learning）と偶発的語彙学習
（incidental vocabulary learning）を取り上げる。意図的語彙学習
の一例は，英単語集を通して，スペルや意味だけを学習すること

58

である。日本語訳だけを見てスペルを書いたり，スペルだけを見て日本語訳を思い出したりする方法である。短期間で多くの語彙を学習することが可能な効率的な英単語学習法である。しかし，この方法だと，学習者にとっては語法やコロケーションなどの深い知識を得られないという問題がある。この問題を補う方法として，読み聞かせ（story telling）や多読（extensive reading）を通して，単語を自然な文脈から推測させる方法が有効だろう。この方法は，読み聞かせや多読を通して内容を理解することが主目的であり，語彙学習は副次的なため，偶発的語彙学習と呼ばれている。偶発的語彙学習の問題点は，文脈から語彙の意味を推測するのが容易ではないこと，時間がかかるということが指摘されている。このように，意図的語彙学習と偶発的語彙学習は一長一短であるため，両方をバランスよく組み合わせることが肝要だろう。例えば，まず，英単語集でスペルや意味を覚え，その後，それらを多読で，つまり，文脈で確認するという方法が考えられる（中田 (2019)）。

4.5. 文法形態素の習得順序

1970 年代の SLA では，母語の影響に関する関心が徐々に薄れ，第二言語の習得には何らかの普遍性が存在するのではないかと考えるようになった。その一例が，文法には何らかの普遍的な習得順序があるのではないかという疑問である。当時の SLA では，文法形態素（grammatical morphemes）の習得順序が盛んに研究された。文法形態素とは，複数を示す -s, 三人称単数現在形の -s, 所有格の 's などの意味をもつ最小単位のことである（第

3章を参照）。多くの研究では，学習者に様々な絵を見せながら，それらの絵について英語で話させ，それらの発話の中で文法形態素が正しく使用できているかを分析している。分析結果に基づき，文法形態素には，指導された順番にかかわらず，以下のような自然な習得順序があるとされている。これを，自然習得順序仮説（Natural Order Hypothesis）と言う（Duly, Burt and Krashen (1982)）。

1. 現在進行形 -ing（例：Mark com**ing**.）
   繋辞[1] be / am / is / are（例：He **is** angry.）
   複数形の -s（例：many shirt**s**）
2. 助動詞 be / am / is / are（例：It **is** raining.）
   冠詞 a / the（例：Please open **the** window. He is **a** soccer player.）
3. 不規則動詞の過去形 went / came（例：Mark **went** to Hokkaido.）
4. 規則動詞の過去形 -ed（例：He liv**ed** a happy life.）
   三単現の -s（例：He play**s** the guitar.）
   所有格の -s（例：Mark**'s** magazines）

　形態素がこのような習得順序をたどる理由として，当該形態素の顕著性（saliency）や頻度（frequency）が重要であると考えられている（Goldshnider and DeKeyser (2001)）。例えば，現在進行

---

[1] 繋辞（けいじ，copula）とは，基本的には「主語＋動詞＋補語」（例：Mark *is* a soccer player. や You *are* beautiful.）という文構造の中で用いられる be 動詞のことである。be 動詞には，繋辞の他に，進行形や受動態で用いられる助動詞としての働きもある。

形の -ing は，音声的に聞こえやすく（顕著性が高く），会話では今の出来事を語ることが多い（頻度も高い）ので，習得が早いのだろうと考えられる。しかし，近年，形態素の順序については，母語の影響が強く見られるという報告もなされている（Murakami and Alexopoulou（2016））。例えば，日本人の英語学習について考えてみよう。一番遅く習得されると考えられている所有格の's は，日本人にとって比較的容易に習得できるだろう。なぜなら，所有格の's（Mark's magazine）は日本語の「の」（マークの雑誌）類似しているため，習得が容易であると考えられる。一方，比較的習得が早いとされる複数形の -s や冠詞については，日本人が英会話をしている時に，つけ忘れることが多くあり，非常に困難であると言われる（筆者も，ディスカッションすると，考えや気持ちを伝えることに夢中になり，複数形や冠詞などの文法形態素については注意を払えないことが多々ある）。日本語の「彼はサッカー選手だ」や「たくさんのシャツ」には，英語の冠詞（He is a soccer player.）や複数形の -s（many shirts）に相当する要素がない（少なくとも表面上に現れない）ため，英語の複数形や冠詞の習得には時間がかかるのだろう。

　このように，文法形態素の自然な習得順序に関しては，必ずしも当てはまらないことはある。しかし，習得には早い項目と遅い項目があるということを知っていることは，学習者や指導者にとっても有益だろう。例えば，あなたと私以外の第三者について話すときに動詞の語尾に s/es をつけ忘れても，学習者はいつまでもできないと心配する必要はない。また，指導者も，何度教えても間違っていると学習者をいちいち咎める必要もない。なぜなら，自然習得順序仮説によれば，三単現の s/es は日本人だけで

はなく，世界中の英語学習者にとって，習得が非常に困難な文法
形態素だからである。このように，自然習得順序仮説を知ること
で，学習者も指導者も文法形態素の習得を気長に待つ心のゆとり
を持てるのではないだろうか。

4.6.　統語の習得順序

　文の中でどのように語句を配列するかに関する規則のことを統
語（syntax）と言い，その習得順序に関する研究もこれまで多く
行われてきた（第 3 章も参照）。SLA では，否定文，疑問文，関係
詞のような個別の統語項目がどのように習得されていくのかが検
証されている（Lightbown and Spada (2021)）。

　まず，否定文の習得順序についてみていくことにする。例外は
あるものの，否定文の習得は次のような四段階を経るとされてい
る（Lightbown and Spada (2021)）。第一段階では，I not like it. や
No bicycle のように no や not が動詞や否定される語の前にお
かれる。第二段階では，no と not の代わりに don't が使われる
が，時制・人称・数に応じて，didn't や doesn't を使いわけるこ
とができない。例えば，学習者は，He don't like it. や I don't
can sing. のように間違った発話をしてしまう。第三段階では，
You can not go there. He was not happy. のように，are, is,
can などの補助動詞の後ろに否定の要素がつけられるようにな
る。しかし，don't の使い方はまだ十分に分析されていないので，
She don't like rice. のような文を発話してしまう。第四段階で
は，It doesn't work. や We didn't have supper. のように正しく
否定文を作ることができるようになる。

62

　次に，疑問文の習得順序についてみてみよう。例外はあるものの，疑問文の習得は以下のような6段階を経るとされている（Lightbown and Spada (2021)）。第一段階では，上昇イントネーションを用いて語句レベルで疑問文が作られる。例えば，Dog? や Four children? のような発話である。また，What's that? のような定型表現もこの段階に含まれる。第二段階では，倒置や前置なしの平叙文の語順で疑問文が作られる。例えば，It's a monster in the right corner? The boys throw the shoes? などの発話である。第3段階では，疑問文の構造が見られるが，倒置が見られない場合や，その他の前置による疑問文を発する。例えば，Where the children are playing? Does in this picture there is four astronauts? Is the picture has two planets on top? などである。第4段階では，why 疑問詞と繋辞（be / am / is / are）の倒置や，他の補助動詞を用いた Yes / No 疑問文が可能になる。例えば，Where is the sun? や Is there a fish in the water? などである。第5段階では，助動詞と主動詞の両方がある疑問文ができるようになる。典型的な例としては，How do you say "proche"?（do が助動詞，say が主動詞）や What's the boy doing?（is が助動詞，doing が主動詞）である。最後に，第6段階では，複雑な疑問文を発するようになる。例えば，It's better, isn't it?（付加疑問文），Why can't you go?（否定疑問文），Can you tell me what the date is today?（間接疑問文）である。

　統語規則の習得について，指導者が知っておくとよいポイントは2つある。1つ目のポイントは，上述したように，各統語規則には大まかな習得順序があり，それらが，第一言語によらず，児童でも大人でも，第二言語環境でも外国語環境でも，共通してい

るということである。2つ目のポイントは，統語規則の習得は，例えば第3段階から第5段階へと段階を飛び越えることはできないということである (Pienemann (1987))。言い換えれば，統語の習得は，第二段階から第三段階へ，第三段階から第四段階へというように，簡単なものから複雑なものへと1つ1つの段階をゆっくりと上がっていくプロセスである。これを Pienemann は教授可能仮説 (Teachability Hypothesis) と呼んでいる。

　これらの2つのポイントを理解しておくことで，指導者は，教えた統語規則を学習者がなかなか使えない理由に気付くことが可能になるだけではなく，その具体的な対処法を考えることができる。例えば，中学校3年生で I know where the local shelter is. や Tell me what you have done. のような間接疑問文を学習する場合を考えてみよう。まず，間接疑問文の習得は最も困難（第6段階）であることが知られている。ゆえに，何度も繰り返し指導する必要であること，I know where is the local shelter. や Tell me what have you done. と語順を間違えて何度も発話しても，まず，間違って発話することはごく自然なことだということを理解することができる。また，学習者が第6段階の規則を習得する準備が整っていない段階で，間接疑問文を指導・学習している可能性に気づく。その場合は，第6段階の疑問文の導入前に，第4・5段階の疑問文を，丁寧に説明や練習をする必要が出てくる。教授可能仮説によれば，第4・5段階の疑問文が習得されることが，第6段階の疑問文の習得の条件だからである。

4.7. まとめ

　本章では，SLA に基づいて，第二言語の習得プロセスについ
て概観した。その理解を基に，指導の際にどのようなことに気を
付けるとよいかについても簡潔に論じた。

第5章　第二言語習得理論

本章では，第二言語習得理論のうち，日本の英語教育に関係の深いと考えられる 5 つの理論を取り上げる（その他の主要理論については VanPatten and Williams（2015）などを参照）。

5.1.　習慣形成

第二言語習得を説明する初期（1950 年代）の理論は，行動主義（Behaviorism）や構造主義言語学（Structuralism）に基づくものが主流であった。動物や人間の行動の形成を説明する行動主義に基づくと，第二言語学習は母語と異なる新しい習慣形成（habit formation）であると考えられた。この考え方によれば，学習者は周りの環境（指導者など）から受け取る音声（インプット）を模倣することを通して，第二言語を習得していく。以下の発話を見てみよう。

指導者： Shall we play a bingo game?

学習者： play a bingo game.

指導者： Yes, let's!

学習者は，指導者の発話を真似して，play a bingo game. と話していると考えられる。このような真似を繰り返すことで，第二言語の語彙や表現を習得する。

　また，学習者は，真似するだけではなく，周りの環境（指導者など）の発話から類推して発話（アウトプット）したりする。以下の指導者と学習者の発話を見てほしい。

指導者： I have two pens. How about you?

学習者： Five … pens.

指導者： You have five pens. I have two pens. You have many pens!

指導者が I have two pens. と発話しているから，five の場合も pen に -s をつけて five pens になるだろうと類推して，発話していると考えられる。

　真似したり，類推したりしてアウトプットしたものが，英語的に正しければ，周りの指導者などから特に訂正やフィードバックを受けることもない。そのため，学習者は自分のアウトプットが正しいと信じ，それらを何度も使うようになるだろう。一方で，真似したり，類推したりしてアウトプットしたものが間違っていれば，指導者などからそれが間違いであるという訂正フィードバック（corrective feedback）を受けることになる。例えば，以下のような指導者と学習者の発話を見てみよう。

指導者：　How many books do you have?

学習者：　100 book.

指導者：　Wow! You have 100 books!

学習者：　Yes.

学習者は book の後ろに -s（/s/）を付けるのを忘れ 100 book と
発話している。そこで，指導者が，Wow! と驚きつつも，You
have 100 books! と会話を続けている。ここでの指導者の発話は，
book の後に複数を表す文法形態素 -s を付けて books としなけ
ればならないと学習者に明確に伝えているというよりも，会話を
続ける中で何気なく訂正しているという意味合いがある。このよ
うに，相手の間違った発話を意図や内容を変えずに正しい言い方
に直す訂正フィードバックを，リキャスト（recast）と呼ぶ。

　このように，模倣（や訂正）の繰り返しによって，習慣が形成，
つまり第二言語が習得されると考えられていた。行動主義の考え
方は，次に説明するように，母語と第二言語の類似や相違を分析
することによって第二言語習得のプロセスを説明しようとする構
造主義言語学と相性がよかったと考えられている。

　構造主義言語学の考え方とは，簡単に言えば，母語と第二言語
の比較を重視するということである。学童期以降であれば，学習
者の母語は習得済みであるから，母語の影響が第二言語習得にも
現れる。それを転移（transfer）と言い，正の転移（positive
transfer）と負の転移（negative transfer）に大別される。第二言
語と母語が近ければ，母語の習慣を使って第二言語を習得できる
ため，学習しやすい。これを正の転移と言う。例えば，英語の所
有格の's（Mark's magazine）は日本語の「の」（マークの雑誌）

に類似しているため，習得が容易であると考えられる（4.5 節も参照）。一方，第二言語と母語が遠ければ，母語の習慣が邪魔するので，学習しにくい。これを負の転移と言う。例えば，英語で複数を表す形態素 -s (two pens) は，日本語には同様の概念を表す形式がない（2 本「たち」のように言わない）ので学習しにくいことなどがあげられる（4.5 節も参照）。このように，構造言語学的な立場では，母語と第二言語を比較することで，負の転移が生じる項目を予測し，それらを徹底的に指導し，正しい習慣を形成させるということになる。

　習慣形成という考え方は，指導者に様々なことを教えてくれるだろう。まず，指導者が正しいモデルを提供するということの重要性である。正しい音声，語彙，文法などのインプットを聞かせたり，読ませたりして，正しい習慣を形成させなければならない。そのためにも，何度も何度も繰り返すことが重要である。繰り返すことによって，習慣が自動化される（5.3 節も参照）。さらに，学習者の誤りに対してフィードバックを与えることも重要である。（負の転移による）誤りに対してフィードバックを与え，正しい言い方（正しい習慣）を習得させる必要がある。これらの考え方は，指導者にとっても，学習者にとっても，わかりやすい。しかし，残念ながら，これらの考えの正しさを実証した研究が少なく，当時これらの考えと相反する結果を示す研究も少なくはなかった。例えば，第一言語と第二言語が相違していても学習しやすいもの，2 つの言語が類似していても学習しにくいもの，第一言語によらず普遍の習得順序が発見された（4.5 節や 4.6 節を参照）。1970 年代以降の SLA 研究では習慣形成という行動主義の考え方はあまり見られなくなるが，インプット，アウトプッ

ト，フィードバック，練習，自動化などの重要な概念については，以下の理論に引き継がれていく。

5.2. インプット，インタラクション，アウトプット

　1970年以降の SLA 研究に最も影響力のあった考えが，言語はインプット，アウトプット，インタラクションを含むコミュニケーション活動を通して習得されるというものである (Swain and Suzuki (in press))。その意味では，5.4節で述べる社会文化理論と同様ではあるが，この節では認知心理学の情報処理理論 (information processing theory) の立場で説明する。情報処理理論に基づく学習とは，コンピューターのように，学習者が，環境（指導者や他の学習者など）とやり取りを通して，何らかの情報（インプット）を，既有知識を使いながら，理解したり，記憶したりして，情報を発信（アウトプット）する一連の流れとして捉える。以下では，情報処理理論に基づいて，第二言語学習について説明する。

　インプットとは，学習者がコミュニケーション場面で触れる情報（言葉）のことである。インプットは，指導者と学習者の会話，リスニング，リーディング，手話等を通して与えられる。与えられるインプットを理解することで，学習者はそれを習得していく。ここで重要なことは，環境（指導者など）から与えられるインプットが学習者にとって理解可能である（comprehensible）ということである (Krashen (1982))。インプットが理解可能になるためには，学習者の現在のレベルを i とすると，指導者はそれ (i) より少しレベルの高い ($i+1$) のインプットを与えることが，

重要である。以下の母語話者 (Native Speaker: NS) と非母語話者 (Non-Native Speaker: NNS) の会話を通して，$i+1$ のインプットがどのように理解可能になっているのかを見てみよう (Mackey (1999: 558–559))。

> NS: There's there's a pair of reading glasses above the plant.
>
> NNS: A what?
>
> NS: Glasses reading glasses to see the newspaper?
>
> NNS: Glassi?
>
> NS: You wear them to see with, if you can't see. Reading glasses.
>
> NNS: Ahh ahh glaases glasses to read you say reading glasses.
>
> NS: Yeah.

まず，NS が植物の上に reading glasses（老眼鏡）があると発言するが（1-2 行目），NNS は A what? と発言していることから，reading glasses の意味が分からないようである（3 行目）。次に，NS が reading glasses が新聞を読むときに使うメガネであることを短く繰り返し説明しても（4 行目），NNS は glassi? と発言しているところから，意味はまだ分かっていないようだ（5 行目）。さらに，NS は reading glasses が見えないときにつけるメガネであるとさらに説明し，その単語を繰り返すと（6-7 行目），NNS は読むときにつける眼鏡を reading glasses と言うということを理解したようである（8-9 行目）。このように，NS との会話を通して，NNS にとって $i+1$ の単語（reading glasses）が理解可能

になることが，その単語の習得にとって，重要である。

　アウトプットとは，学習者がコミュニケーション場面で話したり，書いたりする情報（言葉）である。SLA では，話すことや書くことを通してアウトプットすることについて，主に 4 つの機能が議論されている（Swain and Suzuki (in press)）。第 1 に，気づき（noticing）の機能である。学習者は，アウトプットすることによって，表現したいことと表現できないことの違いに気付きやすいと考えられている。第 2 に，仮説検証（hypothesis-testing）の機能である。学習者は，第二言語でどのように表現するかを考え，仮説を立てて，それを話したり書いたりして，相手に通じるかを試している。第 3 に，メタ言語省察（metalinguistic reflection）の機能である。学習者は，アウトプットすることで，言語そのものについて深く考えるようになる。第 4 に，アウトプットは自動化（automaticity）の機能である（5.1 節や 5.3 節も参照）。話したり，書いたりすることで，次第に流暢になっていくと考えられている。ここではまず，気づきと仮説検証についての例を，以下の母語話者（NS）と非母語話者（NNS）の会話を通して，確認したい（Mackey (1999)）。

> NNS:　And one more weep weep this picture.
>
> NS:　　Huh?
>
> NNS:　Another one like gun to shoot them weep weepon.
>
> NS:　　Oh, ok ok yeah I don't have a second weapon though so that's another difference.

NNS は，写真にもう 1 つ武器（weapon）があると言いたいのだが，weep と間違って発音している（1 行目）。weep weep と 2 度

同じ単語を言っていることからも，武器は英語で何と言えばいい
のか分からないことに気づいている（noticing）と考えられる。
NS に何だって？と聞かれ（2 行目），NNS は weepon と仮説を
立てて，それをアウトプットすることで，仮説を検証しようとし
ている（3 行目）。そこで初めて，NS は NNS が武器（weapon）
と言いたいことが分かり，正しい発音で weapon と発している
（4-5 行目）。このような気づきや仮説検証のプロセスが，第二言
語習得には重要であることが知られている。

　次に，メタ言語的省察ついての例を以下で確認する。以下の母
語話者（NS）と非母語話者（NNS）の会話を見てみよう（Pica
（1987））。

NNS:　And they have the chwach there.

NS:　　The what?

NNS:　The chwach — I know someone that —

NS:　　What does it mean?

NNS:　Like um like American people they always go
　　　　there every Sunday

NS:　　Yes?

NNS:　You kn — every morning that there pr — that — the
　　　　American people get dressed up to got to um
　　　　chwach.

NS:　　Oh to church — I see.

NNS は church（教会）と言いたいのだが，NS からも chwach が
何を意味しているのか分からないと言われ続けている（2・4 行目）
それでも，NS は chwach と発音を何度も間違えている（1・3・

10行目)。このやり取りを通して，否が応でも，NNS は自分自身
の発音に問題があることを意識させられていると考えられる。こ
のように，言語について意識が高まることが，この場合は正しい
発音にはつながっていないものの，第二言語の習得には重要であ
ると言われている (Gass, Behney and Plonsky (2020))。

　インタラクションとは，簡単に言えば，学習者が参加する会話
のことである。インタラクションに参加するからこそ，上述した
ように，学習者はインプットを受け取ったり，アウトプットを
行ったりする。それだけではなく，学習者の誤りに対して対話者
(指導者や他の学習者など) からフィードバックを受け取る。
フィードバックを受け取ることで，学習者は，正しい言い方 (イ
ンプット) を学ぶようになる。以下の母語話者 (NS) と非母語話
者 (NNS) のインタラクションを見てみよう (Mackey, Gass and
McDonough (2000))。

> NNS:　There's a basen of flowers on the bookshelf.
> NS:　　a basin?
> NNS:　base
> NS:　　a base?
> NNS:　a base
> NS:　　oh, a vase
> NNS:　vase

NNS は，本棚の上に花瓶があると言いたいのだが，vase を
basen と誤って発音してしまう (1行目)。そのため，NS は，ba-
sin (鉢) と誤解している (2行目)。そこで，NNS は base と発音
し直すが (3行目)，NS は a base? (土台) と発言していることか

ら理解できていない（4行目）。さらに，NNS は再度 a base と発音したところで（5行目），NS は NNS が花瓶と言いたいことに気づき，vase というインプットを与えている（6行目）。最後に，NNS は NS の発言を繰り返している（7行目）。このように，学習者は，相手からのフィードバックを通して，正しいインプットを受け取ることで，第二言語を習得していくのである。

やり取りを通して，学習者は，正しい言い方を学ぶだけではなく，自分のアウトプットの誤りに気づき，どのように直せばいいのか仮説を立てる。その仮説が正しいかどうかを，さらにアウトプットすることで，検証することになるのである。

このように，学習者は指導者や他の学習者とのインタラクションに参加することによって，インプットやフィードバックを受け取ったり，誤りに気づいたり，仮説を立てたり，アウトプットを行ったりすることで，第二言語を習得していくのである。

インプット，アウトプット，インタラクションの考え方に基づけば，指導者は，学習者が第二言語を用いてやりとりするような活動を多く設定することが重要である。さらに，コミュニケーション活動のなかで，指導者は，学習者の反応を見ながら，わかりやすく言い直したり（インプット），児童に誤りを言い直させたりすることで（アウトプット），児童の気づき，理解，仮説検証，自動化，思考等の認知プロセスを促進することが大切である。学習者は，このような機会を与えてくれるコミュニケーション活動に教室内外で積極的に参加していくことで，第二言語を習熟していくだろう。

5.3.　自動化

　英語の授業では，習った知識（音声，語彙，文法など）を何度も練習（practice）する場面が設定されている。なぜなら，練習を通して，学習者は第二言語の知識をより流暢に使えるようになると想定しているからである。これを知識の自動化（automatization）と言う。練習も反復であり，前述した習慣形成の考え方とも通じるところがあるが，本節では，スキル習得理論（Skill Acquisition Theory）の観点から説明する（DeKeyser (2015)）。

　スキル習得理論では，運動スキル（タイピング，スポーツ，音楽など）であれ，認知スキル（読解，記憶，コミュニケーション，第二言語学習）であれ，いかなるスキルも，以下の三段階を経て習得されると想定されている。

　第一に，何かについて知る段階である。この段階では，獲得しようとしているスキルに関する宣言的知識（declarative knowledge）が習得される。宣言的知識とは，「A は B である」というように A と B の関係を説明した形の知識である。例えば，「動詞の最後につく -s/es は主語が三人称単数現在の時に使う文法形態素である」とか「受動態は be 動詞＋過去分詞で表す」のような知識である。このような知識は，指導者の発話（Mark likes soccer., Mark plays soccer., He lives in Sendai. など）を聞いたり，「主語があなたと私以外の単数で現在の話の時には動詞に -s/es をつける」と明示的に教えられたりして，習得される。この段階では，知識が宣言的な形であるため，実際に話すのに時間がかかり，エラーも多いという特徴がある。例えば，「マークはサッカーが好きだ」と英語で話したい時，「主語（マーク）は三人

称単数で，動詞（好きだ）は現在の話だから，動詞 like に文法形態素 -s/es をつけて ...」のように，その知識にいちいち意識的にアクセスしながら，話しているためである。

　第二に，知識を実際に使う段階である。行動は手続き的知識（procedural knowledge）に基づいて行われる。手続き的知識とは，「もし P ならば Q せよ」という形で，条件と行為の関係を表したものになる。例えば，Mark likes soccer. で likes と正しく話すことができるのは，「主語が三人称単数現在の時に，動詞に文法形態素 s/es をつけて話す」という手続き的知識が習得されているからと考えられる。この段階の特徴としては，行動を行う際に，手続き的知識をいつも意識しているわけではないということが挙げられる。例えば，自分の尊敬する人物を紹介する活動を繰り返し話していると，「He だから work の後ろに s を付けて ...」と意識せずとも，My father works for a liquor shop.，He plays the guitar.，He likes paintings. と話すことができる場合もある。

　第三に，知識が流暢に使えるようになる段階である。練習を積み重ねることで，手続きは自動化され高速化されていく。その結果，スピードと正確さが向上する。例えば，三人称単数現在の -s/es について言えば，私とあなた以外の人について話す練習を，様々な場面で何度も繰り返す必要がある。家族の人物を紹介する，好きなスポーツ選手や芸能人を紹介する，友人を紹介する，近所の人を紹介するなどの活動を 1 週間，1 か月，学期，年間単位で繰り返し練習することが考えられよう。そうすることで，三人称単数現在の文法形態素 -s/es に関する手続き的知識を徐々に流暢に（ほとんど意識しなくても）正しく使うことができるよ

うになっていくのである。

　スキル習得理論に基づくと，日本のような外国語環境において
も，文法についての知識をまず学び，次いでそれを様々な場面で
繰り返し活用することで，時間はかかるものの，実際のコミュニ
ケーション場面でも活用できるようになる。

5.4.　社会文化理論

　社会文化理論（Socio-Cultural Theory: SCT）とは，簡単に言
えば，ことばや思考がまわりの人間とのやり取りから発生すると
いう考え方である。本節では Vygotsky が提唱した社会文化理論
の中でも，英語教育との関連でよく議論されている，発達の最近
接領域（Zone of Proximal Development: ZPD）と言語の役割に
ついて取り上げる。

　発達の最近接領域とは，「学習者が一人でできること」と，「他
者の適切な支援を受けながらできること」の差である。社会文化
理論に基づくと，この差に働きかけることが教育に重要になって
くる。つまり，指導者が，現時点での学習者の発達の一歩なり半
歩先に立って指導することが，最も効果的な教育法であるとされ
る。まず，指導者が学習者の発達の最近接領域に働きかけていな
い可能性のあるやり取りの例を見てみる。

　　指導者：　　What did you do yesterday?
　　学習者 1：　I goed to juku.（誤り）
　　指導者：　　Oh, you went to juku yesterday.（フィードバック）

指導者は学習者 1 に昨日何をしたのかと尋ね，学習者 1 は go の

過去形を goed と誤って発言してしまう。そこで，指導者は Oh, you went to juku yesterday. と goed を went と正しく言い直してあげている。このフィードバックは，学習者 1 が次第に一人でできる領域を拡げる援助になっていない可能性がある。例えば，学習者 1 が go の過去形は went であることを知っていたのに，上記のような指導者が正しい答え（went）を一方的に示すフィードバックを行ったかもしれない。その支援は学習者 1 が次第に一人でできる領域を拡げることにつながらないだろう。

　一方で，指導者が学習者の発達の最近接領域に働きかけている例は以下である。

　　指導者：　　What did you do there?
　　学習者 2：　I buy a novel.（エラー）
　　指導者：　　Could you say it again?（暗示的フィードバック）
　　学習者 2：　I buy a novel.（エラー）
　　指導者：　　Yesterday だから？（明示的フィードバック）
　　学習者 2：　Ah, I bought a novel.

指導者が何をしたかを尋ねたところ，学習者 2 は buy を過去形にせず現在形のまま誤って発話している。指導者に Could you say it again? と暗示的に間違いを指摘されても（暗示的フィードバック），学習者 2 は buy と発話し，過去形にすることができていない。そこで，Yesterday だから？と指導者に明示的に促されると（明示的フィードバック），学習者は bought と正しく発言することができている。このような指導者と学習者のやり取りこそ，指導者が，学習者 2 の発達の最近接領域を見極める援助（まず，より暗示的なフィードバックをし，次いでより明示的な

フィードバックを行うこと）を行っているということである。

　このように，発達の最近接領域とは，学習者が他者（指導者や他の学習者など）とのやり取りの中で，自分一人では成し遂げることが出来なかったパフォーマンスを示す領域であり，これこそが学習者にとって，近い未来に一人でできるようになる源泉であると考えられる。

　発達の最近接領域と並んで，社会文化論に基づく英語教育でよく取り上げられているのは，発達や学習における言語の役割である。言語はまず他者とのコミュニケーションの手段であるのだが，その言語が次第に内面化されて独り言（private speech）が行われるようになり，行動調整や思考のための手段となっていく。そして，最終的には独り言を言わなくても，行動や思考を行うことができるようになる。

　例えば，日本の英語教育でもよく用いられるペアやグループ活動をよく観察してみると，学習者は，相手と言語を用いてやりとりするだけではなく，ぶつぶつと自分自身に語りかけたり，ことば遊びをしたりすることに気づく。第二言語習得研究でよく引用されている，アメリカ人の日本語学習者の独り言の研究であるOhta（2001: 59）を見てみよう。

```
T:  Kon shuumatsu hima desu ka? Hyun-san
H:  Um (..) iie (.) um (.) uh:: (.) hima- (.)
    hima: (.) hima nai
T:  Hima Ja ^ arimasen
H:  Oh, ja ^ arimsen
C:  hima ja^ arimasen （ひそひそと H の発話と重なって）
```

80

T:　Hima ja arimasen (.) ii desu ne (.) Eh:to ja S-
　　san kon shumatsu hima desu ka?

このやりとりでは，C は T（教師）と H のやりとりに直接参加し
ていない。それにもかかわらず，C は，H のエラーに対する T
のフィードバックに対して，誰にも聞こえないように独り言を
言っている。このような独り言を行うことで，身に付いていない
知識をより確かなものにすることができると言われている。
Ohta（2001）では，上記のエピソード後に C が他の学生とやり
とりする際にはこの表現を正しく発話していることが示されてい
る。
　社会文化理論に基づくと，指導者には，学習者とのやりとり
（インタラクション）の中で，近い将来学習者一人でできるよう
になるための支援を行うことが求められる。また，指導者と児童
のやりとりはもちろんのこと，児童同士のやりとり（ペアワーク，
グループワーク）を大事にすることが求められる。そのやり取り
が，次第に独り言に，そして声には出さない内言になっていく。

5.5.　用法基盤理論

　用法基盤理論（Usage-Based Theory）とは，学習者が，コミュ
ニケーションの中で，インプットの例から，記憶や推論などを通
して，第二言語を習得するという考え方である。そのプロセスに
影響を及ぼす重要な要因が，インプットの頻度である。インプッ
トの頻度には，トークン頻度（token frequency）とタイプ頻度
（type frequency）という考え方がある。

　トークン頻度とは，同一の語・句・文への接触回数である。例えば，英語の授業では，apple（語レベル），stand up（句レベル），I like soccer.（文レベル）等の同一の語，句，文を何度も繰り返し聞くことがあるだろう。また，教科書などを読むことを通して，新出単語や表現に何度も出くわすということもある。同一の語・句・文に何度も繰り返し触れることが，それらの記憶定着を助けたり，それらを素早く理解・産出したりすることにつながる。特に，語彙やコロケーションのような知識については，それらを聞くことや話すことなどを通して触れた数（トークン頻度）が，習得の程度に大きく影響するだろう。

　タイプ頻度とは，ある形式の異なった語・句・文タイプに触れる接触回数である。例えば，「I＋like＋不定冠詞＋果物.」の文のタイプ頻度について考えてみる（山岡（2003））。以下の例文は，指導者が学習者に好きな果物の説明をしている場面である。

> I have many kinds of fruits here. I like some of them. But, I don't like the others. First, I like an apple. It's sweet. Second, I like a banana. It's soft. Third, I like a pear, too. It's juicy. And fourth, I like a mango too. It has sweet smell …　　　　　　　　　　（山岡（2003: 83-84））

ここでは，「I＋like＋不定冠詞＋果物.」という形式の文に繰り返し触れているため，指導者が日本語で説明しなくても，学習者はこの形式の文を類推・一般化することができるだろう。また，I like soccer.（スポーツ名で冠詞なし），I like meat.（食べ物名で冠詞なし），I like him.（人称代名詞），I like Mark.（固有名詞），I like books.（普通名詞複数形）などの同一形式の別の文に触れ，

それぞれが一般化される必要がある。そうすると，学習者は「I
＋like＋目的語」というパターンを一般化していく。さらに，I
have books., I want a red card., I play the guitar. などの同一
形式だが別の動詞を使用した文に触れることで，「I＋動詞＋目的
語」というレベルへの一般化につながる（最終的には「主語＋動
詞＋目的語」の構文が一般化される）。

　用法基盤理論に基づくと，日本のような外国語環境ではイン
プット量が絶対的に不足することを考えると，トークン頻度を高
めることがまず重要である。また，指導者は教える子どもたちに
どのようなインプット（語・句・文）を与えるべきか精選すべき
であるという視点も重要になる。その際，構文の一般化や抽象化
を効果的に促すタイプ頻度を高めるという視点が重要になるだろ
う。

5.6.　まとめ

　本章では，SLA の代表的な 5 つの理論を概説した。その理論
ごとに，指導者が心得ておくべき教育的示唆を述べ，理論と実践
の往還を目指した。

第6章　第二言語習得の個人差

　第4章，第5章で概観してきたように，1960年代以降のSLA
では，第二言語習得のメカニズムやプロセスを解明するための研
究が広く行われてきた。それらの普遍性が徐々に明らかにされつ
つある一方で，学習者個人に起因する相違も注目を浴びるように
なってきた。そのような個人差に関わる研究（以下，個人差研究
という）のうち，本章では，動機づけ（motivation），Willingness
to Communicate（WTC），言語不安（language anxiety）につい
て概説する。

6.1.　動機づけ

　*Teachers open the door, but you must walk through it your-
self.* という中国のことわざを知っているだろうか。教師は学び
の機会を学習者に提供できても，学ぶのは本人自身であるとい
う，学びの本質を得た言葉である。学習者に学ぶ気持ちがなけれ

ば，またあったとしてもある期間継続しなければ，さらにある程度の時間とエネルギーを使わなければ，真の学びを掴むことは難しい。このような学習者の気持ちを研究するのが，動機づけ研究である。動機づけ研究は，個人差研究の中でも，最も活発な研究分野である。本章では，Dörnyei による３つの動機づけ研究の流れに沿って概説する（西田（2022）を参照）。

　1950 〜 1980 年代は，社会心理学的なアプローチを理論的基盤にした動機づけ研究が盛んに行われた。当時，動機づけは，道具的動機づけ（instrumental motivation）と統合的動機づけ（integrative motivation）に大別されていた。道具的動機づけとは，実際に得られる利益・実益を達成しようとする気持ちである。例えば，高校入試や大学入試などの試験に合格するため，会社に就職するため，会社で昇進するために必要だから勉強するというように，動機づけられている場合を指す。一方，統合的動機づけとは，目標言語を話す人びとの集団に社会的あるいは文化的に近づき，その一員になりたいという気持ちで勉強しているような場合を指す。例えば，カナダのケベック州のように，英語系住民とフランス語系住民が共存している場合，統合的動機づけが第二言語学習により重要であると考えられていた。しかし，日本のような外国語環境で，特定の社会的・文化的集団に近づきたいという理由を持つことは難しいと考えられる。たとえそのような理由を持ったとしても，現実的にそのような機会が限られているのが外国語環境であろう。このことから，外国語環境の学習者の心理を統合的動機づけの観点から理解するのは困難であると考えられていた（6.2 節も参照）。

　上記の理由から，1990 年代に入ると，世界の学習者のそれぞ

れの学習環境（特に教室）に根ざした動機づけ研究の必要性が高まっていった。そこで，SLA でも，教育心理学的な視点を取り入れた動機づけ研究が始まるようになる。本章では，Deci and Ryan の自己決定理論（self-determination theory）を中心に研究を紹介する（西田（2022）を参照）。

　自己決定理論では，動機づけを内発的動機づけ（intrinsic motivation）と外発的動機づけ（extrinsic motivation）の観点から捉える。内発的動機づけとは，「それをすること自体が目的で何かをすること，それをすること自体から喜びや満足感が得られるような行動に関連した動機」である（八島（2019: 91））。例えば，「新しいことを知りたい」，「いろいろな知識を身に付けたい」，「面白い」のように，英語を学習すること自体が楽しい気持ちのことである。一方，外発的動機づけとは，「金銭的な報酬が他者に認められていることなど，何らかの具体的な目的を達成する手段として行う行動に関連した動機」である（八島（2019: 91））。例えば，「おこづかいをもらいたい」，「親や先生に褒められたい」，「経済的によい生活がしたい」のように，英語を学習することが報酬を得る手段になっているような場合である。外発的動機づけは，前述した道具的動機づけに類似していると考えられるだろう。

　自己決定理論では，無動機（全くやる気のない状態）から外発的動機づけ，さらに内発的動機づけが連続軸上に並ぶものとして捉えている。この理論では，外発的に動機づけられた学習者の行動の過程を，自律性の度合いにより，外的調整（external regulation），取り入れ的調整（introjected regulation），同一化調整（identified regulation），統合的調整（integrated regulation）の4段階に分けているのに特徴がある。

　外的調整とは，最も自己決定度が低く，外部から強制されてやらされている，と感じる段階である。例えば，「おこづかいをもらいたい」や「親や教師に褒められたい」というような気持ちである。次に自己決定度合が低いのは，取り入れ的調整で，他者や自分の承認に注目している段階である。例えば，「毎日教科書を音読しないと不安だ」や「毎日英単語の書き取り練習をしないと罪悪感がある」のような，言わば消極的な自己決定である。それに対し，積極的な自己決定が同一化調整で，活動に価値を見出し，その有用性を意識して，個人にとって意味のある目的のために行う段階である。例えば，「海外の大学に留学したいから英語の勉強をする」や「英語の勉強は自分にとって大切だからやる」のように，積極的に自分で決めて学習している状態であると言えるだろう。最も自己決定が高いのが統合的調整で，価値観やゴールがあり，内在化している状態を指す。例えば，「グローバルな人材として国際的な視野に立って活躍したい」や「世界中の人たちと英語で話したい」のような，自然とその行動を優先させてしまう自己決定段階である。

　自己決定理論によれば，動機づけは，自律性（autonomy），有能性（competency），関係性（relatedness）の3つの欲求を満たす時，高まるとされている。自律性の欲求とは，人は自らの行動に対して責任を持ちたい，自ら選択したいという欲求を持っているということである。例えば，授業のウォーミングアップで話すテーマを教師が一方的に与えるよりも，学習者自身に複数のテーマから選択して話させるほうが，自律性の欲求を満たすことになると考えられる。有能性の欲求とは，人はやればできるといった期待感や達成感を味わいたいといった欲求を持っているというこ

とである。例えば，第4章で述べたように，学習者の現在のレベルを i とするならば，少し頑張ればできそうな $i+1$ の課題を与えたり，学習者の発達の最近接領域を見極め，他者の適切な支援があれば解決可能な課題を与えたりすることで，有能性の欲求を満たすことになると考えられる。また，教師が，学習者の英作文の語彙や文法の誤りを訂正するばかりではなく，学習者が正しく書けた語彙や文法について褒める肯定的フィードバック（positive feedback）を行うことも，有能性の欲求を高めることにつながるだろう。関係性の欲求とは，周りとの協力なしには生きていけない，周りの他者と協力的・協調的な関係を持ちたいという欲求のことを指す。例えば，自分を拒否しているような他者でなく，自分を受け入れてくれる他者との，ペアワークやグループワークを行うことで，関係性の欲求が充足されると考えられる。

　自己決定理論に基づけば，学習者が，主体的に学習に取り組み（高い自律性），自分はその学習をやり遂げられるという自信を持つことができ（高い有能感），そして教師やクラスメートと良好な関係を築いているという安心感（緊密な関係性）がある状況を教室内に作りだすことができれば，学習者の内発的動機づけを効果的に向上させることができる。

　2000年代に入ると，上述の教育心理学的アプローチに加え，Dörnyei and Ottó が提案した動機づけのプロセス重視の研究も盛んになる（西田（2022）を参照）。彼らは，時間軸を取り入れることで個人の動機の変化を捉えることができると考え，ある行動に関する動機を行動前段階（preactional stage），行動段階（actional stage），行動後段階（postactional stage）という段階に区別した。行動前段階では，ゴールを設定したり，意図を形成した

り，行動を開始したりする機能が含まれる。例えば，指導者が多読用の教材を購入して教室においてくれたので，学習者が教材を借りて読もうと決めたり，実際に読み始めたりする段階である。行動段階では，行動を行ったり，継続的に評価したり，自己統制などの機能が含まれる。例えば，授業外で時間を見つけて多読を行ったり，指導者から進捗状況を褒められたり，叱られたり評価される段階である。行動後段階では，行動の成功や失敗の理由を何に求めるのかという原因帰属（source attribution）を形成することやストラテジーの構築を行う機能が含まれている。例えば，徐々に英文が読めるようになったのは多読教材を継続的に読み続けたからだと前向きに捉え，今後も多読を継続しようと決めるような段階である。一方で，教材が適切でなかったりすれば，多読に関心を持てず，辞めようと考えることもあるだろう。このように，動機づけを行動前段階，行動段階，行動後段階の3段階のプロセスと捉えることで，動機づけはダイナミックなものであるという理解が深まったのである。

2005年以降の動機づけ研究は多様なアプローチが見られるようになる（西田（2022））。例えば，上述のように，動機はダイナミックに変動するが，それは単に時間軸に沿って，動機が上がったり，下がったりという単純な話ばかりではない。個を取り巻く社会的な文脈（person-in-context）における様々な出来事や感情との関わりの中で生ずる動機のダイナミックな変化として捉える考え方が出始めている（Ushioda（2009））。

また，Dörnyei が提唱した第二言語動機づけ自己システム論（L2 Motivational Self System）に基づく研究も近年急速に増えている（Boo et al.（2015）のレビューを参照）。この理論では，まず，

将来なりたい理想の自己像（ideal self）と自分はこうあるべきと
考える義務自己像（ought-to self）を明確にすることが，動機づ
けを高めるとされている。次に，第二言語学習経験（教師，カリ
キュラム，成功体験等）が自己像の確立に大きな役割を果たすと
考えられている（Dörnyei and Ryan (2015)）。

　さらに，近年，複雑系理論（Complex Dynamic Systems The-
ory）による動機づけ研究も盛んに行われている（西田 (2022)）。
この理論に基づく研究では，動機づけの変化をいつ，どのように
起こるのかを縦断的かつ詳細に記述し，変化に影響を及ぼした要
因や変化が生じる条件を明らかにしている。

6.2.　Willingness to Communicate (WTC)

　Willingness to Communicate（WTC）は「コミュニケーショ
ンをするか否かが自由である状況で，自ら進んで意思伝達行動を
開始する傾向」（八島 (2004: 88)）と定義されている。WTC は，
元々母語でのコミュニケーション研究で扱われる恒常的，安定的
な情意概念であり，個人の性格傾向として捉えられている。母語
での一連の研究により，人がコミュニケーション行動を開始する
には，自尊心やコミュニケーション能力の肯定的な認知などが関
わるとされている（八島 (2019)）。一方，内向性やコミュニケー
ション不安が，コミュニケーション行動を避けるのに関わると明
らかにされている（6.3 節も参照）。MacIntyre and Charos (1996)
が第二言語使用時のコミュニケーションにおける WTC 研究に
着手して以降，多くの研究者が第二言語及び外国語環境下でこの
テーマの調査・研究に取り組んでいる。

　第二言語の WTC は，母語使用時のそれとは異なり，変動性が高く，より複雑な概念と捉えられている。第二言語学習者の WTC の複雑さをうまく表現しているのが，図 1 の WTC のピラミッド・モデル（MacIntyre, Clément, Dörnyei and Noels（1998: 547））である。第二言語使用時に WTC とそれに影響を与える 11 の要因が 6 層で表され，上位 3 層は状況に異存して変化しやすい要素であり，下位 3 層は比較的安定した要因であると捉えられている。

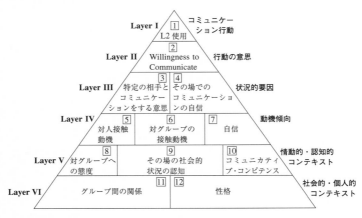

図 1 ：第二言語における WTC モデル（MacIntyre et al.（1998），
　　　訳は八島（2004））

　Layer I （第 1 層）は 1 L2 使用である。これは，第二言語でのコミュニケーション行動を指している。その L2 使用に直接影響を及ぼすのが，Layer II （第 2 層）の 2 Willingness to Communicate であり，ある状況で第二言語を用いて自発的にコミュニケーションしようとする意志である。この意思があるからこそ，

実際の L2 使用につながると考えられている。WTC に直接影響
を及ぼすのが，Layer III（第3層）の ③ 特定の相手とコミュニ
ケーションする意思と ④ その場でのコミュニケーションの自信
という2つの要因になる。例えば，毎週授業に来ている外国人
指導助手（Assistant Language Teacher: ALT）に英語で語りかけ
る場面と，ゲストで初めてくる外国人に語りかける場面を考えて
みれば分かりやすい。当然，後者の場面が心理的な負担は大き
く，学習者は緊張するだろう。そのため，見知らぬ外国人と英語
でコミュニケーションしようとする意欲が低下したり，自分自身
の英語に自信が持てなくなったりすると考えられる。その結果，
会話しようとする行動の意思も弱まり，コミュニケーション行動
に結びつかないと考えられる。このように，上位3層は場面・
状況に依存する可変性の高い要因となる。

　Layer IV（第4層）から下は比較的安定した要因となる。Layer
IV（第4層）には，⑤ 対人接触動機，⑥ 対グループ接触動機，
⑦ 自信が含まれる。対人接触動機とは，特定の相手との接触動
機に関連する要因である。例えば，生徒が授業の活動として
ALT に自分の町について紹介するために話しかける場合と，生
徒が留学生と純粋に友達になりたいから話しかける場合ではコ
ミュニケーションに対する動機が異なるだろう。対グループ接触
動機とは，グループ間のコミュニケーションの意欲や接触動機の
強さを指す。例えば，カナダのケベック州のように，英語系住民
とフランス語系住民が共存している場合，意欲や動機（統合的動
機づけ）が高い。自信とは，第二言語使用に対する自信で，Lay-
er III（第3層）の ④ その場でのコミュニケーションの自信とは
異なり，状況に左右されない，第二言語を使用することに対して

の安定的な自信を指している。

　Layer IV（第4層）に直接影響を及ぼすのが，Layer V（第5層）の ⑧ 対グループへの態度，⑨ その場の社会的状況の認知，⑩ コミュニカティブ・コンピテンスの3つの要因である。対グループへの態度とは，相手のグループ（文化・民族）への態度である。例えば，英語系住民とフランス語系住民が共存しているカナダのケベック州では，相手のグループの一員になりたいとう態度が比較的に涵養（かんよう）されやすいだろう。一方，ロシアに住むウクライナ人のような場合，ロシアの一員になりたいという態度は育成されにくいと考えられる。その場の社会的状況の認知とは，コミュニケーションを行う状況を指す。例えば，学習者がスピーキング能力を評価される目的や場面では緊張するが，学習者が留学生に仲良くなるために話す状況では自信を持って話せるなど，話す目的や場面が影響するということである。コミュニカティブ・コンピテンスとは，いわゆる第二言語の知識と技能のことである。

　Layer V（第5層）に直接影響を及ぼすのが Layer VI（第6層）の ⑪ グループ間の関係や ⑫ 性格である。グループ間の関係とは，異なったグループ間の歴史や政治関係を指す。例えば，近年緊張状態が続いているロシアとウクライナの関係は，ウクライナ人がロシア語でコミュニケーションすることに負の影響を及ぼすだろう。性格は，例えば，外向的な性格であれば，外国人と積極的に会話ができ，内気で内向的な性格であれば，なかなか会話が進まないということが考えられる（6.3節も参照）。

　図1を見れば，第二言語の WTC には，第二言語能力だけではなく，社会的な要因や情意的な要因が関連しており，それらが

実際の第二言語コミュニケーション行動における，個人差を生み出すということが理解できるだろう。指導者が学習者の WTC を高めようとするならば，社会的要因だけではなく，学習者の情意要因にも着目することが重要であることを改めて教えてくれている。

　日本人学習者の WTC モデルを構築しようとした Yashima (2002) を見てみよう。Yashima は，大学 1 年生を対象に，WTC とそれに影響を与える要因の関係性を調査した。この研究では，日本人特有の WTC モデルを構築するため，国際的志向性 (internal posture) という概念が提唱された。国際的志向性とは「日本において『英語』が象徴する『漠然とした国際性』つまり国際的な仕事への興味，日本以外の世界との関わりをもとうとする態度，異文化や外国人への態度などを包括的に捉えようとした概念」(八島 (2004: 84)) である。日本人にとって英語という言語が象徴するのは，特定の集団に対する態度 (あこがれや親近感，あるいは嫌悪感) ではなく，日本をとりまく世界，外国の人々や文化という漠然とした国際性ということになる。この漠然とした国際性が WTC モデルの中枢である点は，外国語環境で英語を学ぶことに特有だろう。八島 (2004) は，国際的志向性が WTC の高まりに直接影響すること，また「学習意欲の高い学習者はコミュニケーションの自信を持ちやすく，WTC も高くなる傾向がある」(80-81) ことを明らかにしている。八島 (2004) が「国際的志向性をもつことは，英語学習の意味の明確化につながる」(85) と指摘するように，国際的志向性を育む活動をいかに授業に盛り込むかが，日本のような外国語環境における英語学習を成功に導く鍵になるだろう。

6.3. 言語不安

　日常生活同様，第二言語を学ぶときにも，我々は様々な感情
(emotion) を経験する。興味 (interest) や楽しい (fun / enjoy-
ment) のようなポジティブな感情から，退屈 (boredom) や不安
(anxiety) といったネガティブな感情まで様々である。一般論と
して，（第二言語）学習にネガティブな感情を持てば持つほど，
（第二言語の）達成度が低いと考えられる。

　SLA で最も研究されてきた感情は，不安 (anxiety) である
(Horwitz (2010))。第二言語学習における不安の研究は 1970 年
代からスタートし，1980 年代半ばより盛んになる。1970 年代の
SLA では，心理学を参考に研究されていた。心理学では，不安
を特性不安 (trait anxiety) と状態不安 (state anxiety) に大別し
ている。特性不安とは，状況に関わらず不安になりやすい個人の
性格傾向のことである。具体的には，心配性や神経質のような性
格を指し，比較的安定している。一方，状態不安とは，ある特定
の場面や状況と関連して経験される不安のことである。例えば，
中間・期末テストの前などある時点での不安のことである。

　SLA では，特性不安や状態不安の区別に加え，第二言語学習
という特定の場面と結び付けた，状況特定的不安 (situation spe-
cific anxiety) が提唱されている。例えば，ペアやグループで会
話するときに生じる不安やクラスの児童・生徒の前でプレゼン
テーションする時に経験する不安などのことである。SLA では，
特に状況特定的不安を中心に研究が進められてきた。それゆえ，
単に不安ではなく，言語不安 (language anxiety) と呼ぶことが
多い。

　言語不安を測定する方法は，学習者を観察したり，学習者にインタビューをしたりなど様々考えられるが，アンケートが多く用いられてきている。中でも，Horwitz, Horwitz and Cope (1986) が開発した Foreign Language Classroom Anxiety Scale (FLCAS) というアンケートが最も有名である。Horwitz らは，言語不安を，コミュニケーション不安 (communication apprehension)，テスト不安 (text anxiety)，否定的な評価に対する不安 (fear for negative evaluation) の3つの不安から論じている。コミュニケーション不安とは，人前で話すことなどに対する恐怖である。テスト不安とは，テストで失敗するのではいかという心配である。否定的な評価に対する不安とは，他者から評価されること自体に対する不安や低い評価をうけるかもしれないという懸念などである。テスト不安は言語不安に含まれないと考える研究者も多い（鈴木・物井 (2017)）。

　Horwitz らの FLCAS のアンケートは，非常に多くの SLA 研究者に使用され，言語不安に関して様々なことが明らかになりつつある。例えば，言語不安が高いほど，達成度（自己評価，評定，テストの成績など）が低いということが知られている (Teimouri, Goetz and Plonsky (2019) を参照)。また，これまでの SLA では，上述したように，特性不安や状態不安に関する研究は少なく，スピーキング活動の際における不安に関する研究が非常に多い (Yashima (2002) など)。しかし，少ないものの，他の第二言語技能と不安の関係性も検証されてきている。例えば，リスニング不安 (Elkhafaifi (2005))，リーディング不安 (Saito, Garza and Horwitz (1999))，ライティング不安 (Cheng, Horwitz and Schallert (1999)) などである。近年，人前で話すことに対する不安よりも，

リスニングやライティングに関する不安のほうが高いということが示され（Teimouri et al. (2019)），興味深い。今後は，スピーキング以外の技能不安に関する研究が盛んになることが期待されている。

　指導者は，まず，学習者の言語不安を正しく把握することが重要である。一般の指導者が，FLCAS のようなアンケートを学習者一斉に実施し，分析することは困難である。しかし，学習者の表情や姿勢などを観察し，彼らがどのような不安を抱えているかを理解することは可能であろう。そして，指導者は，学習者がどのように不安に向き合えばよいかを一緒に考えることで，彼らの不安感を和らげることができると考えられる。また，学習者の不安を軽減するための学習環境を整備することも重要である。例えば，間違えることは恥ずかしいことではないという雰囲気作り，言語の正確さよりも考えや気持ちなどの内容を伝えることに重きを置く指導，ICT を活用したスピーキング活動などが考えられよう。

6.4.　まとめ

　本章では，第二言語学習の成否に影響すると考えられている個人差のうち，動機づけ，Willingness to Communicate，言語不安について，様々な具体例を挙げながら，概略を説明した。指導者が学習者の動機や情意に寄り添うことで，高い指導効果を期待できるであろう。

推 薦 図 書

・大津由紀雄（1995）『言語（認知心理学 3）』東京大学出版.
　　『認知心理学シリーズ』の第 1 巻であり，出版年は少し古く
　　なるが，認知心理学の視点から言語習得の様々な分野につい
　　て，包括的に概説されている。初級者から上級者向けであ
　　る。

・杉崎鉱司（2015）『はじめての言語獲得』岩波書店.
　　生成文法理論の観点から，主に英語と日本語の統語論におけ
　　る言語獲得（母語獲得）のシステムを概説したものである。
　　中級者から上級者向き。

・西原哲雄（編）（2017）『心理言語学（朝倉日英対照言語学シ
　　リーズ発展編 2』朝倉書店.
　　言語習得に関しての初歩から応用までを，6 名の専門家によ
　　る日本語と英語を対照した論考からなる論文集兼概説書であ
　　る。初級者から上級者向き。

・西原哲雄（編）（2018）『英語教育と言語研究（朝倉日英対照言
　　語学シリーズ発展編 4』朝倉書店.
　　英語教育と言語研究との橋渡しという観点から，英語教育と
　　言語研究の関連性について概説したものある。初級者から中
　　級者向き。

・廣森友人（2015）『英語学習のメカニズム：第二言語習得研究にもとづく効果的な勉強法』大修館書店.

　　最新の第二言語習得研究の成果に基づいた，効果的な英語学習法や指導法について書かれている良書である。学習者の立場に立っても書かれており，英語力をブラシュアップしたい人にもお勧めである。

・馬場今日子・新多了（2016）『はじめての第二言語習得論講義 ── 英語学習への複眼的アプローチ』大修館書店.

　　様々な第二言語習得理論について，平易な言葉で説明されており，入門書として最適である。近年最も注目されている複雑系理論の章も含まれている。

・八島智子（2019）『外国語学習とコミュニケーションの心理』関西大学出版部.

　　前著『外国語コミュニケーションの情意と動機』をアップデートし，言語・文化・アイデンティティの関係についてわかりやすく書かれている良書である。

参 考 文 献

Abrahamsson, Niclas and Kenneth Hyltenstam (2009) "Age of Onset and Nativelikeness in a Second Language: Listener Perception versus Linguistic Scrutiny," *Language Learning* 59, 249-306.

相澤一美 (2018)「英語教育と語彙習得研究」『英語教育と言語研究』，西原哲雄（編），37-55，朝倉書店，東京.

荒木一雄（編）(1999)『英語学用語辞典』三省堂，東京.

Boo, Zann, Zoltan Dörnyei and Stephen Ryan (2015) "L2 Motivation Research 2005-2014: Understanding a Publication Surge and a Changing Landscape," *System* 55, 145-157.

Cheng, Yuh-show, Elaine Horwitz and Diane Schallert (1999) "Language anxiety: Differentiating Writing and Speaking Components," *Language Learning* 49, 417-446.

Clément, Richard, Zoltan Dörnyei and Kimberly Noels (1994) "Motivation, Self-confidence, and Group Cohesion in the Foreign Language Classroom," *Language Learning* 44, 417-448.

DeKeyser, Robert (2015) "Skill Acquisition Theory," *Theories in Second Language Acquisition*, ed. by Bill VanPatten and Jessica Williams, 97-114, Routledge, New York.

Dressler, Wolfgang (1988) "A Linguistic Classification of Phonological Paraphaia," *Linguistic Analysis of Aphasic Language*, ed. by W. Dressler and J. Stark, 1-22, Springer-Verlag, Berlin.

Dörnyei, Zoltan and Stephen Ryan (2015) *The Psychology of the Language Learner Revisited*, Routledge, New York.

Dulay, Heidi, Marina Burt and Stephen Krashen (1982) *Language Two*, Newbury House, Rowley.

Elkhafaifi, Hussein (2005) "Listening Comprehension and Anxiety in the Arabic Language Classroom," *Modern Language Journal* 89, 206-220.

榎本恭弘・西原哲雄 (1995)「中間言語における VOT 値の普遍性につい
    て」『関西外国語大学研究論集』61, 1-8.

Fitch, Tecumseh (2009) "Prolegomena to a Future Science of Biolin-
    guistics," *Biolinguistics* 3, 283-320.

Fitch, Tecumseh (2010) "Three Meanings of Recursion: Key Distinc-
    tions for Biolinguistics," *The Evolution of Human Language: Bio-
    linguistic Perspectives*, ed. by Richard Larson, Viviane Deprez and
    Hiroko Yamakido, 73-90, Cambridge University Press, Cambridge.

Fitch, Tecumseh and David Reby (2001) "The Descended Larynx Is
    Not Uniquely Human," *Proceedings of the Royal Society of Lon-
    don B 268*, 1669-1675.

Flege, James and Anna Schmidt (1995) "Native Speakers of Spanish
    Show Rate-dependent Processing of English Stop Consonants,"
    Phonetica 52, 90-111.

Gass, Susan, Jennifer Behney and Luke Plonsky (2020) *Second Lan-
    guage Acquisition: An Introductory Course*, 4th ed., Routledge,
    New York.

Goldschneider, Jennifer and Robert DeKeyser (2001) "Explaining the
    "Natural Order of L2 Morpheme Acquisition" in English: A Meta-
    analysis of Multiple Determinants," *Language Learning* 51, 1-50.

Gregersen, Tammy (2006) "The Despair of Disparity: The Connection
    between Foreign Language Anxiety and the Recognition of Profi-
    ciency Differences in L2 Skills," *Lenguas Modernas* 31, 7-20.

Gregersen, Tammy and Elaine Horwitz (2002) "Language Learning
    and Perfectionism: Anxious and Non-anxious Language Learners'
    Reactions to Their Own Oral Performance," *The Modern Language
    Journal* 86, 562-570.

Gregersen, Tammy and Peter MacIntyre (2014) *Capitalizing on Lan-
    guage Learners' Individuality: From Premise to Practice*, Multilin-
    gual Matters, Bristol.

萩原裕子 (1993)「言語学の最新情報：神経言語学」『月刊言語』1 月号,
    116-119.

萩原裕子 (1998)『脳にいどむ言語学』岩波書店, 東京.

針生悦子 (2021)『ことばの育ちの認知科学』新曜社, 東京.

服部四郎（監訳）（1976）『失語症と言語学』, R ヤコブソン（著）, 岩波書店, 東京.

Horwitz, Elaine (2001) "Language Anxiety and Achievement," *Annual Review of Applied Linguistics* 21, 112–126.

Horwitz, Elaine (2010) "Foreign and Second Language Anxiety," *Language Teaching* 43, 154–167.

Horwitz, Elaine, Michael Horwitz and Joann Cope (1986) "Foreign Language Classroom Anxiety," *Modern Language Journal* 70, 125–132.

池内正幸（2012）「進化言語論の方法論」『進化言語学の構築』, 藤田耕司・岡ノ谷一夫（編）, 15–34, ひつじ書房, 東京.

Johnson, Jacqueline and Elissa Newport (1989) "Critical Period Effects in Second Language Learning: The Influence of Maturational State on the Acquisition of English as a Second Language," *Cognitive Psychology* 21, 60–99.

Kean, M-L. (1974) "The Linguistic Interpretation of Aphasic Syndromes," *Cognition* 5, 9–46.

小島さつき（2018）「英語教育と第二言語習得研究」『英語教育と言語研究』, 西原哲雄（編）, 111–134, 朝倉書店, 東京.

Krashen, Stephen (1982) *Principles and Practice in Second Language Acquisition*, Pergamon Press, Oxford.

窪薗晴夫（1998）『音声学・音韻論』くろしお出版, 東京.

窪薗晴夫・溝越彰（1991）『英語の発音と英詩の韻律』英潮社, 東京.

Larson-Hall, Jennifer (2008) "Weighing the Benefits of Studying a Foreign Language at a Younger Starting Age in a Minimal Input Situation," *Second Language Research* 24, 35–63.

Lee, Junkyu, Juhyun Jang and Luke Plonsky (2015) "The Effectiveness of Second Language Pronunciation Instruction: A Meta-analysis," *Applied Linguistics* 36, 345–366.

Lenneberg, Eric (1967) *Biological Foundation of Language*, Jon Wiley, New York.

Lieberman, Philip, Jeffrey Laltman, Joy Reidenberg and Patrick Ganon (1992) "The Anatomy, Physiology Acoustic and Perception of Speech: Essential Elements in Analysis of the Evolution of Human

Speech," *Journal of Human Evolution* 23, 447–467.

Lieberman, Philip and Sheila Blumstein (1988) *Speech Physiology, Speech Perception and Acoustic Phonetics*, Cambridge University Press, Cambridge.

Lightbown, Patsy and Nina Spada (2021) *How Languages are Learned*, 5th ed., Oxford University Press, Oxford.

Lisker, Leigh and Arthur Abramson (1964) "A Cross-Language Study of Voicing in Initial Stops: Acoustical Stops," *Word* 20, 384–422.

MacIntyre, Peter and Catherine Charos (1996) "Personality, Attitudes, and Affect as Predictors of Second Language Communication," *Journal of Language Social Psychology* 15, 3–26.

MacIntyre, Peter, Richard Clément, Zoltan Dörnyei and Kimberly Noels (1998) "Conceptualizing Willingness to Communicate in an L2: A Situational Model of L2 Confidence and Affiliation," *The Modern Language Journal* 82, 545–562.

Mackey, Alison (1999) "Input, Interaction, and Second Language Development: An Empirical Study of Question Formation in ESL," *Studies in Second Language Acquisition* 21, 557–587.

Mackey, Alison, Susan Gass and Kim McDonough (2000) "How Do Learners Perceive Implicit Negative Feedback?" *Studies in Second Language Acquisition* 22, 471–497.

Maclarnon, Ann and Gwen Hewitt (2004) "Increased Breathing Control: Another Factor in the Evolution of Human Language," *Evolutionary Anthropology* 13, 181–197.

Murakami, Aikira and Theodora Alexopoulou (2016) "L1 Influence on the Acquisition Order of English grammatical Morphemes: A Learner Corpus Study," *Studies in Second Language Acquisition* 38, 365–401.

Muñoz, Cameron (2006) "The Effects of Age on Foreign Language Learning: The BAF Project," *Age and the Rate of Foreign Language Learning*, ed. by Cameron Muñoz, 1–40, Multilingual Matters, Clevedon.

中島平三 (1979)「言語理論と言語障害」『言語障害と言語理論』, 今井邦彦 (編), 309–356, 大修館書店, 東京.

中西弘（2017）「文理解・統語の獲得」『心理言語学』，西原哲雄（編），72-93，朝倉書店，東京.

中野弘三・服部義弘・小野隆啓・西原哲雄（監修）（2015）『最新英語学・言語学用語辞典』開拓社，東京.

中田達也（2019）『英単語学習の科学』研究社，東京.

那須川訓也（2018）「英語音声のしくみ」『コアカリキュラム準拠　小学校英語教育の基礎知識』，村野井仁（編），144-159，大修館書店，東京.

Nation, Paul（2022）*Learning Vocabulary in Another Language*, 3rd ed., Cambridge University Press, Cambridge.

西田恵理子（2022）「動機づけの先行研究」『動機づけ研究に基づく英語指導』，西田恵理子（編），3-81，大修館書店，東京.

西原哲雄（2017）「心理言語学とはなにか」『心理言語学』，西原哲雄（編），1-11，朝倉書店，東京.

西原哲雄・高橋潔（2013）『教養のための言語学』晃学出版，名古屋.

西原哲雄（2019）「語彙の実践」『小学校英語のためのスキルアップセミナー』，鈴木渉・西原哲雄（編），57-65，開拓社，東京.

西原哲雄・エイドリアン・リース（2018）「英語教育と言語研究とは何か」『英語教育と言語研究』，西原哲雄（編），1-12，朝倉書店，東京.

Ohta, Amy（2001）*Second Language Acquisition Processes in the Classroom: Learning Japanese*, Routledge, New Jersey.

Pica, Teresa（1987）"Second-language Acquisition, Social Interaction, and the Classroom," *Applied Linguistics* 8, 3-21.

Pienemann, Manfred（1987）"Determining the Influence of Instruction on L2 Speech Processing," *Australian Applied Linguistic Studies* 5, 40-72.

Saito, Kazuya（2011）"Examining the Role of Explicit Phonetic Instruction in Native-Like and Comprehensible Pronunciation Development: An Instructed SLA Approach to L2 Phonology," *Language Awareness* 20, 45-59

Saito, Kazuya（2013）"The Acquisitional Value of Recasts in Instructed Second Language Speech Learning: Teaching the Perception and Production of English /ɹ/ to Adult Japanese Learners," *Language*

Learning 63, 499–529.

Saito, Kazuya and Roy Lyster (2012) "Effects of Form-Focused Instruction and Corrective Feedback on L2 Pronunciation Development of /r/ by Japanese Learners of English," *Language Learning* 62, 595–633.

Saito, Kazuya and Luke Plonsky (2019) "Effects of Second Language Pronunciation Teaching Revisited: A Proposed Measurement Framework and Meta-analysis," *Language Learning* 69, 652–708.

Saito, Kazuya, Yui Suzukida and Hui Sun (2019) "Attitude, Experience, and Second Language Pronunciation Proficiency Development in Classroom Settings: A Longitudinal Study," *Studies in Second Language Acquisition* 41, 201–225.

Saito, Yoshiko, Thomas Garza and Elaine Horwitz (1999) "Foreign Language Reading Anxiety," *Modern Language Journal* 83, 202–218.

笹沼澄子（1978）「失語症」『岩波講座 日本語 別巻 日本語研究の周辺』，201–239，岩波書店，東京.

Sasanuma, S., A. Kamino and M. Kubota (1986) "Agrammatism in Japanese." ms.

柴田武・柴田里程（1990）「アクセントは同音語をどの程度弁別しうるのか：日本語・英語・中国語の場合」『計量国語学』17, 317–327.

重野純（2003）『音の世界の心理学』ナカニシヤ出版，京都.

重野純（2012）『言語とこころ』新曜社，東京.

島岡丘・佐藤寧（1987）『最新の音声学・音韻論』研究社，東京.

Siegel, D. (1974) *Topics in English Morphology*, Doctoral dissertation, MIT.

Snow, Catherine and Marian Hoefnagel-Höhle (1978) "The Critical Period for Language Acquisition: Evidence from Second Language Learning," *Child Development* 49, 1114–1128.

鈴木渉（2017）「言語獲得」『心理言語学』，西原哲雄（編），136–159，朝倉書店，東京.

鈴木渉（2022）「子どもの英語学習」『英語学習の科学――英語学習について知りたいことを第二言語習得の専門家に聞いてみました――』，中田達也・鈴木祐一（編），185–202，研究社，東京.

鈴木渉・物井尚子（2017）「第二言語習得論」『小学校外国語科内容論——小学校で英語を教えるための基本的な専門知識』，酒井英樹・滝沢雄一・亘理陽一（編），21-33，三省堂，東京．

Swain, Merrill and Wataru Suzuki (in press) "Interaction, Languaging, and Communicative Language Learning," *The Handbook of Educational Linguistics*, ed. by Spolsky Bernard and Francis Hult, Wiley & Son.

Teimouri, Yasser, Julia Goetz and Luke Plonsky (2019) "Second Language Anxiety and Achievement: A Meta-analysis," *Studies in Second Language Acquisition* 41, 363-387.

寺尾康（1988）「心理言語学の潮流：失文法研究について」『月刊言語』3月号，113-115．

時本真吾（2020）『あいまいな会話はなぜ成立するのか』岩波書店，東京．

内田亮子（2012）「言語の進化＝生き方の進化という観点から」『進化言語学の構築』，藤田耕司・岡ノ谷一夫（編），133-159，ひつじ書房，東京．

Ushioda, Ema (2009) "A Person-in-context Relational View of Emergent Motivation, Self and Identity," *Motivation, Language, Identity and the L2 Self*, ed. by Zoltan Dörnyei and Ema Ushioda, 215-228, Multilingual Matters, Bristol.

VanPatten, Bill and Jessica Williams (2015) *Theories in Second Language Acquisition*, 2nd ed., Routledge, New York.

渡部眞一郎（1996）「母音体系の類型論」『音韻研究——理論と実践』，音韻論研究会（編），113-116，開拓社，東京．

山岡俊比古（2003）「小学校英語学習における認知的側面——認知的発達段階に即した学習とその促進——」『教育実践学論集』9, 75-86．

Yashima, Tomoko (2002) "Willingness to Communicate in a Second Language: The Japanese EFL Context," *Modern Language Journal* 86, 54-66.

八島智子（2004）『外国語コミュニケーションの情意と動機——研究と教育の視点』関西大学出版部，大阪．

八島智子（2019）『外国語学習とコミュニケーションの心理』関西大学出版部，大阪．

索　引

1. 日本語は五十音順に並べ，英語で始まるものは ABC 順で最後に一括してある。
2. 数字はページ数字を示す。

[さ行]

[た行]

110

西原　哲雄　（にしはら　てつお）

　1961 年生まれ。追手門学院大学国際学部 教授。専門分野は音声学，音韻論，形態論。主要業績：『現代言語理論の最前線』（共著・共編，開拓社，2017），『言語の構造と分析』（言語研究と言語学の進展シリーズ 1）（共著・共編，開拓社，2018），『心理言語学』（共著・編集，朝倉書店，2017），『英語研究と言語研究』（共著・編集，朝倉書店，2018）など。

鈴木　渉　（すずき　わたる）

　1977 年生まれ。宮城教育大学大学院教育学研究科 教授。専門分野は英語教育学，第二言語習得研究，応用言語学。主要業績：『実践例で学ぶ第二言語習得研究に基づく英語指導』（編著，大修館書店，2017），*Languaging in Language Learning and Teaching: A Collection of Empirical Studies*（編著，John Benjamins, 2020），『コア・カリキュラム対応 小・中学校で英語を教えるための必携テキスト 改定版』（共著，東京書籍，2022 年），など。

ブックレット言語心理学概説

2023 年 4 月 6 日　第 1 版第 1 刷発行

著作者　　西原哲雄・鈴木　渉
発行者　　武村哲司
印刷所　　日之出印刷株式会社

発行所　　株式会社　開 拓 社

〒112-0013 東京都文京区音羽1-22-16
電話　（03）5395-7101（代表）
振替　00160-8-39587
http://www.kaitakusha.co.jp